大学体育理论与实践

赵洪明　张力彤　吕然　主编

电子工业出版社
Publishing House of Electronics Industry
北京·BEIJING

内 容 简 介

本书针对目前我国高等院校体育教学的实际情况，紧紧把握"以人为本，健康第一"的指导思想，以能力教育理念为统领，结合作者多年的体育教学经验编写而成。本书内容包括高等学校体育概述、体育健康与体质测试、体育保健、国际体育与运动竞赛、足球、篮球、排球、乒乓球、羽毛球、网球、橄榄球、初级长拳、初级剑、简化二十四式太极拳、艺术体操、轮滑、健美操。

本书是公共基础课教材，适合高等院校各专业学生使用，也可供高职高专院校各专业学生使用，还可以作为体育爱好者的参考用书。

未经许可，不得以任何方式复制或抄袭本书之部分或全部内容。

版权所有，侵权必究。

图书在版编目（CIP）数据

大学体育理论与实践/赵洪明，张力彤，吕然主编. —北京：电子工业出版社，2018.6
ISBN 978-7-121-34315-5

Ⅰ. ①大… Ⅱ. ①赵… ②张… ③吕… Ⅲ. ①体育理论－高等学校－教材 Ⅳ. ①G80

中国版本图书馆 CIP 数据核字（2018）第 111217 号

策划编辑：刘小琳
责任编辑：刘小琳
印　　刷：北京京师印务有限公司
装　　订：北京京师印务有限公司
出版发行：电子工业出版社
　　　　　北京市海淀区万寿路 173 信箱　邮编　100036
开　　本：787×1092　1/16　印张：9.75　字数：300 千字
版　　次：2018 年 6 月第 1 版
印　　次：2020 年 9 月第 3 次印刷
定　　价：23.80 元

凡所购买电子工业出版社图书有缺损问题，请向购买书店调换。若书店售缺，请与本社发行部联系，联系及邮购电话：（010）88254888，88258888。
质量投诉请发邮件至 zlts@phei.com.cn，盗版侵权举报请发邮件至 dbqq@phei.com.cn。
本书咨询联系方式：liuxl@phei.com.cn，（010）88254538。

前言
PREFACE

体育课程是学校课程体系的重要组成部分，是高校体育工作的中心环节。为了写出适用性强、针对性突出的体育教材，我们以《全国普通高等学校体育课程教学指导纲要》为依据，并结合高校体育教学的特点，针对体育课程设置、场地器材现状、学生身心素质状况及气候地域特点等实际情况，对内容进行精心设计。本书具有以下特色。

一、以"以人为本，健康第一"为指导思想

本书编写内容紧紧围绕体育课程"以人为本，健康第一"的指导思想，从体育理论、体育实践、传统体育、休闲体育四个部分介绍了体育健身方法，突出身体健康、心理健康、社会适应能力等素质发展目标。

二、以培养体育能力、开展素质养成教育为主线

本书始终贯穿培养学生体育能力、强化素质养成教育这一主线，便于学生学以致用，融"教、学、做"于一体。既便于开展教学，又便于学生自学。

三、图文结合构建教材体系

本书以图文结合体例来构建教材体系，体现了教材的活泼性和生活化特征，增加了教材的可读性和趣味性。

本书共十七章，由沈阳理工大学从事多年体育教学工作的赵洪明、张力彤、吕然三位教师编写。在内容的设置上，突出针对性和适用性；在内容的陈述上，力求深入浅出；在语言表达上，力求通俗易懂；在表现形式上，采用图文并茂的方式，以便学生更快地理解基础知识、掌握基本技术。

本书的编写和出版，得到了各位编写人员及学校的热情帮助和大力支持。在编写过程中，参阅了国内的有关文献资料，从中汲取了有益的思想和方法。在此，一并表示感谢。限于编写人员的经验与水平，难免有不当或错误之处，敬请同行、读者给予批评指正。

编 者
2018 年 1 月

目录 CONTENTS

第一部分 体育理论部分

第一章　高等学校体育概述 …………… 2
　第一节　体育的概念与组成 ………… 2
　第二节　体育的功能 ………………… 2
　第三节　体育与德育、智育的关系 …… 4
　思考题 ……………………………… 5
第二章　体育健康与体质测试 ………… 6
　第一节　体育与现代生活 …………… 6
　第二节　心理健康与卫生 …………… 6
　第三节　大学生生活卫生 …………… 7
　第四节　大学生运动卫生 …………… 9
　第五节　体质测试与评价 ………… 11
　思考题 …………………………… 13
第三章　体育保健 …………………… 14
　第一节　自我医务监督的内容
　　　　　和方法 ……………………… 14
　第二节　常见运动生理反应
　　　　　与处理 ……………………… 15
　第三节　运动损伤及其急救和
　　　　　处理方法 …………………… 17
　第四节　医疗体育 ………………… 22
　思考题 …………………………… 25
第四章　国际体育与运动竞赛 ……… 26
　第一节　国际体育概述 …………… 26
　第二节　奥林匹克运动与国际
　　　　　体育组织 …………………… 29
　第三节　运动竞赛的组织与编排 …… 31
　思考题 …………………………… 33

第二部分 体育实践部分

第五章　足球 ………………………… 35
　第一节　足球运动简介 …………… 35
　第二节　足球运动的锻炼方法 …… 35
　第三节　足球比赛规则简介 ……… 39
　思考题 …………………………… 40
第六章　篮球 ………………………… 41
　第一节　篮球运动简介 …………… 41
　第二节　篮球运动的锻炼方法 …… 42
　第三节　篮球竞赛规则简介 ……… 48
　思考题 …………………………… 50
第七章　排球 ………………………… 51
　第一节　排球运动简介 …………… 51
　第二节　排球运动的锻炼方法 …… 51
　第三节　沙滩排球简介 …………… 56
第八章　乒乓球 ……………………… 57
　第一节　乒乓球运动简介 ………… 57
　第二节　乒乓球运动的锻炼方法 …… 57
　第三节　乒乓球的基本战术 ……… 61

第四节　乒乓球竞赛规则简介 …… 63
　　思考题 …………………………… 64
第九章　羽毛球 ……………………… 65
　　第一节　羽毛球运动简介 ………… 65
　　第二节　羽毛球运动基本技术 …… 67
　　第三节　羽毛球战术与打法类型 … 70
　　第四节　羽毛球比赛规则 ………… 73
　　思考题 …………………………… 76
第十章　网球 ………………………… 77
　　第一节　网球运动简介 …………… 77
　　第二节　网球的基本技术 ………… 78
　　第三节　网球基本战术 …………… 81
　　第四节　网球比赛的方法及
　　　　　　规则简介 ………………… 82
　　思考题 …………………………… 84
第十一章　橄榄球 …………………… 85
　　第一节　橄榄球运动简介 ………… 85
　　第二节　橄榄球的基本技术 ……… 85
　　第三节　橄榄球比赛规则 ………… 85
　　思考题 …………………………… 87

第三部分　传统体育部分

第十二章　初级长拳 ………………… 89
　　第一节　套路简介 ………………… 89
　　第二节　动作说明 ………………… 89
第十三章　初级剑 …………………… 99
　　第一节　套路简介 ………………… 99
　　第二节　动作说明 ………………… 99
第十四章　简化二十四式太极拳 …… 109
　　第一节　套路简介 ……………… 109
　　第二节　动作说明 ……………… 109

第四部分　休闲体育部分

第十五章　艺术体操 ………………… 126
　　第一节　艺术体操运动简介 …… 126
　　第二节　艺术体操运动的
　　　　　　锻炼方法 ………………… 127
第十六章　轮滑 ……………………… 133
　　第一节　轮滑运动简介 …………… 133
　　第二节　轮滑的锻炼方法 ………… 133
　　第三节　轮滑练习指导 …………… 136
　　第四节　轮滑运动的常识与
　　　　　　注意事项 ………………… 136
第十七章　健美操 …………………… 137
　　第一节　健美操运动简介 ………… 137
　　第二节　健美操运动的锻炼方法 … 138

参考文献

第一部分 体育理论部分

第一章 高等学校体育概述

第二章 体育健康与体质测试

第三章 体育保健

第四章 国际体育与运动竞赛

第一章　高等学校体育概述

第一节　体育的概念与组成

一、体育的概念

体育概念的出现，远没有人类社会体育实践活动那样悠久，体育活动是在人们社会生产和生活中产生的，萌芽于原始社会，而体育概念最早出现在 1760 年法国论述儿童身体教育的报刊上。体育一词在 20 世纪初传入我国，它是由基督教青年会宣扬"西洋体育"时引入的概念，当时它单指身体教育，是一门学校课程。在这之前，我国只有武术、导引等运动项目的具体名词，而没有体育活动的统一概念。体育的概念分为广义体育和狭义体育。

广义体育（体育运动）：以身体练习为基本手段，以增强体质、促进人的全面发展、丰富社会文化生活、提高精神文明为目的的一种有意识、有组织的社会活动，既受一定社会政治、经济的影响和制约，也为社会政治、经济服务。

狭义体育（身体教育）：通过身体活动，传授锻炼身体的知识、技能、技术，达到增强体质、培养道德和意志品质的目的，它是有计划的教育过程，是教育的组成部分。

二、体育的组成

1. 学校体育

学校体育是在各级各类学校中开展的，通过体育手段来增强体质，传授体育的知识、技术、技能，培养学生道德和意志品质的有目的、有计划的教育活动。学校体育既是体育的重要组成部分，也是教育的重要组成部分。学校体育是我国体育事业发展的重点。学校体育的目的是增强学生体质，培养学生道德和意志品质，为学生灌输终身体育的思想。学校体育包括体育课、课外体育活动、课外体育训练和课外运动竞赛四个部分。

2. 竞技体育

竞技体育是为了最大限度地发挥和提高人们在体格、体能、心理、智力及运动能力等方面的潜力，为取得优异竞赛成绩而进行的科学的、系统的训练和竞赛活动。竞技体育是一种特殊的文化现象，它是体育领域的最高层次，是世界体育文化的主体，在大众文化中占有独特的地位，并不断上升。竞技体育能够展现人体的极限，因此具有极高的观赏性和感染力，它可以很有效地凝聚精神力量，振奋民族精神。

3. 社会体育

社会体育是指人民大众为达到健身、健美、医疗、康复、娱乐和休闲等目的而进行的内容广泛、形式多样的体育活动。社会体育包括娱乐体育、休闲体育、余暇体育、养生体育、医疗体育。它的对象是广大的人民群众，它的领域延伸至社会的各个角落。人们在现今的社会生活中考虑到自身发展的需要，要提高知识水平和身体能力，其中身体能力包含身体的健康程度、身体形态、身体协调能力、精神状态和自身气质。这一切都要通过学校体育和社会体育来获得。

第二节　体育的功能

体育的功能产生于体育的本质和社会的需要，并从促进社会物质文明和精神文明中表现出来。体育的功能可归纳为七个：健身、娱乐、促进个体社会化、社会情感、教育、政治和经济。

一、健身功能

体育是以身体的直接参与来表现的，这是体育最本质的特点，它决定了体育的健身功能。

（1）改善大脑供血和供氧，提高中枢神经系统的适应能力，能使人心情舒畅，调节社会、生活和工作的压力。

（2）促进人体的生长发育，加速新陈代谢。

（3）对人体内脏器官构造的改善有积极作用。

（4）刺激骺软骨增生，促进骨骼生长。

（5）提高肌肉的工作能力和运动能力。

（6）提高人体的免疫力、抗疾病能力和心理承受能力。

（7）提高对自然环境和社会环境的适应能力，预防疾病，延缓衰老。

二、娱乐功能

体育运动既可以改善和发展身体，又可以陶冶情操、愉悦身心、增进交往，使人们在繁忙的工作和学习后，获得积极性休息。体育的娱乐功能通过参观和参与两个途径来实现。由于体育运动的观赏性，特别是竞技体育的高水平展现，使身体运动达到健与美、力量与速度的完美统一，让观众得到美的享受。人们通过参加体育活动，在与同伴的默契配合、与对手的斗智斗勇及征服自然的过程中获得不同的情感体验，达到娱乐身心的目的。

三、促进个体社会化功能

个体社会化是指人的社会化，也就是指由生物的人转变为社会的人的过程。体育运动在这一转化过程中起重要的作用。体育运动能够教人基本的生活技能，从初生婴儿的被动体操，到儿童游戏中的跑、跳、攀、爬，到学会适应社会生活，这些都是后天通过体育活动获得的。人们在体育运动中，要遵循运动规则，在教师、教练、裁判的教育监督下有组织地进行，这就逐渐培养了人们遵守社会规范的习惯。体育运动是一种社会的行为，人们在活动和比赛中互相交往、相互交流，这使得人们的人际关系、社交能力得到提高。人类社会要健康发展，就要使青少年在生长发育过程中、中年人在健康保健过程中、老年人在延年益寿过程中，获取身体健康和体育运动方面的知识；通过这些知识，指导自己进行健康的体育活动，培养良好的生活习惯。体育促进个体社会化无处不在、无时不在。

四、社会情感功能

体育的社会情感主要是指由于体育竞赛的对抗性和竞赛结果的不确定性，引起社会的极大关注，从而使人们产生各种情绪活动。如历届奥运会、中国女排五连冠、北京两次争办奥运会及中国男足向世界杯决赛圈冲击等，这些都能使人们体验各种情感波动，能使人的情绪得到宣泄。好的体育社会情感可以正面地、积极地激励和鼓舞社会向前发展。体育运动具有群众性、竞技性、观赏性，其他社会活动都无法产生如此巨大的社会情感。体育就像一块巨大的磁铁，将人们吸引到一起，共同欢乐，共同宣泄，共同振奋。

五、教育功能

体育是教育的一部分，教育是体育的基本功能。人们参与体育活动的过程，就是一个受教育的过程，从学校、俱乐部、健身中心到训练场和各种活动场所，在锻炼中都要接受教师、教练和同伴的传授和指导。特别是在学校，由于学生正处于生长发育和世界观的形成时期，体育不仅能指导和教育学生进行身体锻炼，而且可以对受教育者进行思想政治、意志品质和道德规范的教育。体育是传播价值观的理想载体，这是由它的技艺性、群体性、国际性、礼仪性、竞技性的特点所决定的。它可以激发群众的爱国热情，振奋民族精神，教育人们奋发向上。人们在参与、参观体育的过程中会受到深刻的社会影响，对自身产生不可估量的社会教育作用。

六、政治功能

从客观上讲，体育和政治是相互联系、不可分割的，在任何国家，体育都要服从政治的需要，为政治服务。它主要在两个方面起重要的作用：国际比赛和国际交流所起的作用；群众体育所起的作用。国际比赛是反映一个国家国力强弱的窗口，国家的政治、经济、文化、科技往往决定了竞技体育水平的高低。我们现在往往将体育竞赛比作和平时期的战争，赢得比赛就像赢得战争一样，能够振奋民族精神，提高国家威望，使国人扬眉吐气。体育是一种文化交流工具，它为本国的外交政策服务，通过国际比赛可以沟通国与国之间的关系，促进国家间的友好往来。

七、经济功能

经济是一个国家的物质基础，体育的发展依赖经济，同时也受经济的制约。一个国家的体育运动，尤其是竞技运动开展得好坏，反映了这个国家的经济水平；同时体育运动又反作用于经济，体育作为第三产业对国民经济的促进作用越来越大，且和商品经济的关系日益密切。在发达国家，体育的经济功能、经济效益得到了充分挖掘，而我国现在正处于起步阶段。体育运动获得经济收益有两个途径：一是大型运动会，通过出售电视转播权、门票、广告和发售纪念币、邮票、体育彩票等获得；二是日常体育活动，体育设施的利用，热门项目的组织和比赛，娱乐体育活动的开展，体育服装、设施、器械的买卖，体育知识咨询和旅游，都是获取体育经济收益的有效途径。

第三节　体育与德育、智育的关系

体育是教育的组成部分，体育与德育、智育互相促进、互相制约（图1-1）。

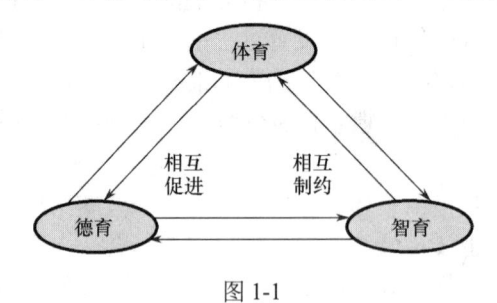

图 1-1

一、体育与德育的关系

在体育教学过程中往往包含了德育的任务。体育是培养学生道德品质、树立人生观的重要手段。丰富多彩的体育活动吸引青少年参加，而这些丰富的运动项目培养了学生勇敢、沉着、果断、坚定的意志品质。青少年大多乐于参加集体体育活动，在体育活动中通过对组织纪律和规则的遵守，对体育器械设施的爱护，对同伴的帮助，培养了学生的组织纪律性和集体主义精神。体育竞赛的竞争、评比、奖励，能够增强学生的竞争意识，激励学生奋发向上、努力拼搏。比赛的胜与败，不断地磨炼学生在胜利面前戒骄戒躁，在失败面前不气馁的思想品质。体育比赛的颁奖，特别是国际大型比赛的颁奖，会使参与者、参观者产生精神上的满足，这种情感教育使他们在不知不觉中树立为集体、为国家争得荣誉的责任感。

体育活动是一种积极向上、丰富余暇生活的手段，积极参与体育活动，可以防止和纠正学生的不良行为，达到精神文明教育的目的。体育与德育存在有机的联系，并互相促进。

二、体育与智育的关系

体育与智育之间相互关联、辩证统一，体育对学生的智力发展有积极的促进作用。通过体育锻炼能够增加大脑的重量和皮质厚度。通过运动技能的学习刺激大脑皮层，使其处于积极的活动状态，促进大脑神经中枢的发育，使学生思维敏捷，判断迅速、准确。通过体育活动提高血液的携氧能力，改善大脑供氧，提高大脑工作能力，使学生具有丰富的想象力、良好的记忆力、集中思考的能力。

思考题

1. 简述体育的概念与组成。
2. 简述体育的功能。
3. 简述高等学校体育的地位。
4. 高等学校体育的目的和任务。
5. 结合自身阐述体育与德育、体育与智育的关系。

第二章　体育健康与体质测试

第一节　体育与现代生活

随着社会的变迁和发展，对人才的要求也随之发生变化，对人的素质要求也越来越高。现代社会对人才的要求可以归纳为健壮的体魄、高超的智能、良好的心理因素、良好的职业道德和协作精神。

随着生产力的大幅度增长，人民生活水平明显提高，文化交流不断扩大，由高科技革命引起的社会变革，为体育的发展创造了无限空间，使体育与教育、文化、卫生、健康、消遣、娱乐、医疗之间的联系越来越紧密。随着社会竞争的日益加剧，人与人之间的关系也越来越复杂，人们需要不断调整心态，正确面对成功与失败，正确处理人际关系，体育在这些方面具有不可替代的作用。例如，为了应付随体力劳动强度的降低而引起的各种"文明病"；为了适应交通拥挤、空气污染及生态平衡逐渐被破坏的生存环境，为了纠正偏食、吸烟、酗酒及滥用麻醉品等不良生活习惯和行为，人们必须从观念和思维方式上改变自己的生活方式和行为模式。此外，随着物质的丰富、余暇时间的增多，现代体育已经成为社会文明、科学进步和健康生活方式不可缺少的组成部分，并必将成为人们业余生活的第一需要。

"强身健体"是体育最主要的本质功能。体育以身体运动为基本表现形式，通过体育锻炼给予各器官、系统以一定强度和负荷量的刺激，使身体在形态结构、生理机能等方面发生一系列适应性反应，由此促进身体健康，增强体质。

第二节　心理健康与卫生

一、健康的概念

随着社会的发展，人们对"健康"的理解在不断加深。世界卫生组织对"健康"的新定义是："健康应是在精神上、身体上及社会上保持健全的状态。"也就是说，健康不仅是没有疾病和伤害，而且是身心的全面协调发展，并能迅速、完全地适应社会环境，它包括身体健康和心理健康两个方面。体育锻炼既是身体活动，又是心理活动。心理健康对于个体学习和掌握动作技能、提高体育成绩及坚持参加体育锻炼具有重要作用。同样，体育锻炼有利于增进人的心理健康。

二、健康的标准

为了加深人们对健康的认识，世界卫生组织提出了十条健康标准：①有充沛的精力，能从容不迫地担负日常工作和生活而不感到疲劳和紧张；②态度积极，勇于承担责任，不论事情大小都不挑剔；③精神饱满，情绪稳定，善于休息，睡眠良好；④能适应外界环境的各种变化，应变能力强；⑤自我控制能力强，善于排除干扰；⑥体重适当，身体匀称，站立时头、肩、臂位置协调；⑦眼睛炯炯有神，善于观察，眼睑不发炎；⑧牙齿清洁，无空洞，无痛感，无出血现象，齿龈颜色正常；⑨头发有光泽，无头屑；⑩肌肉和皮肤富有弹性，走路轻松匀称。

从这十条健康标准中可以看出，健康包括身体健康（①⑥⑦⑧⑨⑩）和心理健康（②③④⑤）两个方面，二者相辅相成，缺一不可。

三、心理健康的标准

心理健康的标准是什么？这是非常复杂的问题。因为心理健康与否没有一个绝对的界限，判断心理是否健康是相当困难的。另外，随着社会的发展和进步，人类对心理健康的认识也在不断深化和提高。

（1）国际心理卫生大会提出的标准：①身体、智力、情绪十分调和；②适应环境，人际关系中彼此谦让；③有幸福感；④在工作和职业中，能充分发挥自己的能力，过有效率的生活。

（2）人本主义心理学家马斯洛和麦特曼提出的标准：①有足够的自我安全感；②能充分地了解自己，并能对自己的能力作出适度的评价；③生活理想切合实际；④不脱离周围现实环境，与周围环境保持良好的接触；⑤能保持人格的完整与和谐；⑥具备从经验中学习的能力；⑦能保持良好的人际关系；⑧能适度地发泄情绪和控制情绪；⑨在符合集体要求的前提下，能有限度地发挥自己的个性；⑩在不违背社会规范的前提下，能恰当地满足个人的基本需求。

四、心理健康水平的等级

根据中外心理健康教育专家的研究，可将人的心理健康水平大致分为三个等级。

（1）一般常态心理者。表现为心情经常愉快，适应能力强，善于与人相处，能够较好地完成同龄人发展水平应做的活动，具有调节情绪的能力。

（2）轻度失调心理者。表现出不具有同龄人所应有的愉快，和他人相处略感困难，生活自理有些吃力。若主动调节或通过专业人员帮助，可恢复常态。

（3）严重病态心理者。表现为严重的适应失调，不能维持正常的生活、学习和工作。如不及时治疗可能恶化，成为精神病患者。

第三节　大学生生活卫生

大学生的各器官系统机能和适应能力已发展到较高水平，生长发育也渐趋稳定。未来社会需要的是全面发展的高素质人才。作为一个群体，大学生的很多言行和思维方式会在一定程度上引领或影响社会时尚。因此，大学生养成良好的生活卫生习惯，对其一生甚至对全社会都有十分重要的意义。

一、合理的生活制度

合理的生活制度是指合理地分配一天的工作、休息、饮食、睡眠和体育锻炼的时间，它有利于机体内的各种生理活动，有利于身体健康。合理的生活制度能消除工作、学习和锻炼后的疲劳，为更好地工作和学习创造良好条件。

人的一切活动都是在大脑皮层支配下来完成的，每天在相对固定的时间起床、吃饭、工作、休息和进行体育锻炼，养成有规律的生活习惯，大脑皮层有关区域的兴奋和抑制的转换也建立起相应的顺序，形成大脑皮层活动的"动力定型"。神经系统和组织器官的活动有了一定规律，就可以使机体在一定时间内对某种活动有所准备。生活制度不合理，经常打乱作息制度，会使大脑皮层中建立起来的"动力定型"遭到破坏。神经系统的机能减弱时，各器官系统的机能也相应受到影响，这样就会降低机体各部分的机能，影响学习和工作效率，有损健康。大脑皮层中"动力定型"的建立不是一成不变的，大脑皮层功能具有可塑性，只要逐渐适应新的环境，"动力定型"是可以改变的。

二、良好的睡眠

睡眠是生理需求，良好的睡眠可使人得到充分的休息，恢复体能。在睡眠过程中，由于抑制过程的扩散，机体各器官系统的活动相应减弱，如心率降低、血压下降和呼吸减慢等。这些变化使全身各器官，特别是大脑得到最充分的休息。如果睡眠不足，大脑得不到充分的休息，脑细胞的活动能力减弱，久之会使神经系统机能失调，导致神经细胞机能衰退，记忆力减退，学习效率降低，身体的适应能力和抵抗力下降。

科学睡眠：

（1）青少年每天睡眠时间为8~9小时。

（2）睡前一小时不宜进行剧烈运动，以免过度兴奋。

（3）睡前做一些轻微活动，降低兴奋性，有助于睡眠。

（4）睡前不宜吃得过饱、喝水过多。

（5）睡前用温水洗脚、漱口刷牙，注意通风和卧具的清洁卫生。

三、饮食营养

人必须从每天的食物中得到蛋白质、脂肪、糖、水、无机盐和维生素，以保证机体维持正常的生命活动。饮食要有节制，不可暴饮暴食。暴饮暴食会加重胃的负担，轻者引起消化不良，重者会引起急性胃扩张。饮食定时，就会使肠胃的活动逐渐变得有规律，到吃饭时，胃的消化液分泌加强，肠胃的蠕动加快，这样就会促进食物的消化和吸收。

我国科学工作者在对90岁以上老年人的调查中发现，除去经常参加劳动或运动，以及环境、气候等因素外，有规律的饮食也是其长寿因素之一。

四、吸烟、酗酒有害健康

吸烟和大量饮酒，对身体健康有很大危害，同时也影响一个人的体育活动能力和运动寿命。

1. 吸烟对人体的危害

烟中含有烟碱（又名尼古丁），它对人体的危害有以下几方面：

1）对中枢神经系统的影响

烟碱对中枢神经系统有先兴奋后麻痹的作用。长期吸烟，能使中枢神经系统的机能减退或发生紊乱，以致引起神经过敏、失眠、记忆力减退等神经衰弱现象。

2）对心脏血管系统的影响

烟碱可使心脏冠状动脉痉挛，影响心脏本身的血液供应，造成心脏血液供应障碍，引起冠心病。青年和成年吸烟者心脏冠状动脉内膜硬化病的面积较不吸烟者要大2~3倍。

3）对呼吸系统和消化系统的影响

吸烟时，烟中的烟碱及一氧化碳、糠醛等物质对呼吸器官的黏膜均有刺激作用。长期的刺激能引起呼吸道的慢性炎症，还可引起肺气肿、支气管扩张等并发症，并成为引发肺癌的重要因素。烟碱还有抑制胃肠蠕动和减少消化腺分泌的作用，故能使消化系统的机能减弱。烟碱对胃黏膜的刺激还能引起慢性胃炎。

2. 酗酒对人体的危害

长期或大量饮酒也会损害人体健康。酒对人体的危害有以下几个方面：

1）对中枢神经系统的影响

酒对大脑皮层具有抑制作用，皮层的抑制作用会使人体失去对皮层下中枢的控制，出现皮层下中枢兴奋度提高的症状。若酒精继续作用，抑制过程逐渐扩散，皮层下中枢的机能也会受到影响，最后完全呈现抑制状态。若酒精作用再增加，使整个神经中枢处于深度抑制状态，可发生昏迷，严重时延髓受到抑制会使呼吸麻痹而致死亡。

2) 对心脏和肝脏的影响

酒精能使心肌发生脂肪性变而降低其弹性和收缩力，影响心脏正常机能。酒精也能使肝脏发生脂肪性变，降低肝脏功能，最后可发展为醇毒性肝硬化。

3) 对消化系统和呼吸道的影响

大量地和经常性地饮酒，可使胃腺的活动失去正常功能。胃液分泌减少，消化机能降低，同时酒精对胃黏膜的刺激能引起酒精性胃炎和慢性咽炎。

第四节　大学生运动卫生

一、准备活动

1. 准备活动的作用

1) 能克服机体的生理惰性

人体各器官都具有一定惰性，一般来说，运动器官的发动通常较快，而内脏器官则需 3~4 分钟的动员才能进入较高水平的工作状态。运动前做好准备活动，能提高心血管系统和呼吸器官的功能，使机体逐步适应剧烈运动的需要。

2) 能加速肌肉组织的新陈代谢，提高氧的利用率

准备活动使体温升高，增强了肌肉组织的新陈代谢过程，进而提高氧的利用率，为人体进入运动状态提供了良好的物质基础。

3) 能调节运动情绪

节奏快、强度大的练习，可提高锻炼的兴奋度；节奏慢、强度小的练习，可降低其过高的兴奋度。适当的准备活动能使人体进入适宜的运动状态。

4) 能预防运动损伤

准备活动能增强肌肉、肌腱和韧带的弹性和伸展性，使关节滑膜液分泌增多，关节活动范围加大，从而避免运动损伤和肌肉痉挛。

2. 准备活动的要求

体育锻炼前必须做准备活动，切勿不做准备活动就投身到紧张激烈的运动中去。准备活动有两种：一种是一般准备练习，如跑步、徒手操、活动肢体各关节等；另一种是专项准备练习，如打篮球前先做投篮、传球、运球等练习，在长跑前先慢跑一段，在游泳前先在陆地上练习划臂、蹬腿、呼吸等。准备活动的运动量和时间的长短，应根据锻炼的项目、内容、气候变化和自己的身体状况而有所区别，一般以身体发热或微微出汗为宜，心率上升到 130~160 次/分钟，使内脏器官、肢体的活动幅度和肌肉力量等方面达到适宜的工作状态。

二、整理活动

1. 整理活动的作用

1) 有助于人体机能尽快恢复常态

由运动引起的一系列生理、心理变化需要有一个逐步恢复的过程，整理活动可促进这一过程的转化。

2) 有助于偿还氧债

整理活动是一个轻松、活泼、柔和的活动过程，有助于肌肉的血液畅流，排出二氧化碳，消除代谢产物，以达到偿还氧债、减轻肌肉酸痛、消除疲劳的效果。

2. 整理活动的要求

整理活动应着重于全身性放松，尽量采用轻松、活泼、柔和的练习，活动量逐渐减少，节奏逐步减慢，以促使呼吸频率和心率下降。如在长跑到达终点后，再慢跑一段，或边走边做深呼吸运动和放松徒手操。特别是在紧张剧烈的运动之后，一定要进行全身放松活动，以免身体受到损伤。整理活动之后，还要注意身体保暖，以防着凉，引起感冒。

三、运动与营养卫生

经常从事体育锻炼的人，需要保证足够的营养和营养之间的平衡。运动中的营养平衡，应从以下几个方面考虑。

1. 粮食类食物

粮食是热能供给的主要来源，每天进食的数量应与一天热能的消耗相适应，并以粗细粮搭配为宜，多种粮食混合食用。据调查，我国男大学生每天能量消耗约为 10.4×10^3 千焦，女大学生约为 8.7×10^3 千焦；积极参加体育锻炼的男生可达 13.8×10^3 千焦，女生可达 10.4×10^3 千焦。如长期热量供给不足，会引起身体瘦弱、抵抗力下降；但摄取热量过多，也易因脂肪过多而发胖。

2. 蛋白质类食物

蛋白质是人体肌肉的主要原料，蛋白质主要来自瘦肉、鱼虾、蛋类、乳类和豆制品等。一般成人每天每千克体重需 1.2～1.5 克蛋白质，经常参加锻炼者比一般人高 50%～80%。如果长期蛋白质摄入量不足，可引起营养不良和贫血等症。

3. 蔬菜类食物

蔬菜是维生素的主要来源。维生素对经常锻炼的人来说非常重要，它不仅是保证身体健康所必需的，而且直接影响人体活动的能力。维生素主要存在于新鲜蔬菜中，每人每天最好食用 400～500 克蔬菜，有条件者每天还应食用一定量的水果。

四、运动饮食卫生习惯

1. 运动后不宜立即进餐

运动后立即进餐，会影响食物的消化和吸收，长此以往，会引发消化不良或其他消化道疾病。合理的进食时间一般是锻炼后 30 分钟。

2. 饭后不宜立即进行剧烈运动

饭后立即进行剧烈运动，不仅易引发消化不良，还可引起腹痛、恶心等症状，也可引发胃下垂等疾病。

3. 合理安排一日三餐

俗话说："早餐要好，午餐要饱，晚餐要少。"这是有一定科学道理的。据调查，凡是不吃早餐的人，上午握力减少，神经肌肉震颤增强，血糖降低，会出现注意力不集中、头晕、心慌等现象。另外，空腹时间过长也是引起肠胃病的主要原因。因此，早餐一定要吃好，有条件者可增加一些奶类、蛋类食品。午餐一定要吃饱，因为下午的工作、学习和活动量都较大。晚餐不应吃得太饱，以免影响睡眠。应注意的是，由于运动后易产生饥饿感，用餐时不要狼吞虎咽，更不能暴饮暴食。另外，在比赛前或疲劳时，也不宜吃太油腻的食品。

4. 运动中提倡少量、多次的饮水方式

水在人的生命活动中具有重要作用，水占成人体重的 60%～70%，人体与外界环境的交换中水是最多的。在运动时出汗多，体内缺少水分，必须及时补充，否则会影响人体正常生理机能。为此应注意：运动前和运动中不宜一次性大量饮水，饮水过多，会使胃膨胀，妨碍膈肌活动，影响呼吸，使血液浓度稀释，血流量增大，增加心脏负担，这样既有碍健康，也不利于运动。另外，运动后亦不宜一次性大量饮水，否则会加重心脏负担，影响整理活动的正常进行和生理机能的恢复。

五、运动衣着与器材卫生

运动衣着和运动鞋应符合运动项目的要求，并具有透气性、吸湿性等性能。运动衣着要轻便、舒适、美观大方。夏季应以浅色薄运动衣裤为好；冬季要注意保暖，但又不妨碍运动。运动衣裤要勤换、勤洗，以免汗液和细菌污染机体。

运动器械要坚固，安装得当，并注意检查维修，防止生锈及连接处脱落。健美、举重室器械用后应归回原处，体操垫硬度适中，并保持整洁、美观。

第五节 体质测试与评价

为贯彻落实"健康第一"的指导思想，切实加强学校体育工作，促进学生积极参加体育锻炼，养成良好的锻炼习惯，提高体质健康水平，特制定《国家学生体质健康标准》。

《国家学生体质健康标准》是《国家体育锻炼标准》的有机组成部分，是《国家体育锻炼标准》在学校的具体实施，是国家对学生体质健康方面的基本要求，适用于全日制小学、初中、普通高中、中等职业学校和普通高等学校的在校学生。

《国家学生体质健康标准》从身体形态、身体机能、身体素质和运动能力等方面综合评定学生的体质健康水平，是促进学生体质健康发展、激励学生积极进行身体锻炼的教育手段，是学生体质健康的个体评价标准。其中，大学组测试项目分为五类，身高、体重、肺活量为必测项目，其他三类测试项目各选测一项，见表2-1。国家学生体质健康标准评价指标及权重系数见表2-2。

表2-1 国家学生体质健康标准测试项目

必测项目	选测项目	备注
身高体重肺活量	1000米跑（男）	选测一项
	800米跑（女）	
	台阶试验	
	坐位体前屈	选测一项
	仰卧起坐（女）	
	引体向上（男）	
	掷实心球	
	握力	
	50米跑（25米×2往返跑）	选测一项
	立定跳远	
	跳绳	
	篮球运球	
	足球颠球	
	排球垫球	

选测项目每年由地（市）级教育行政部门、高等学校在测试前两个月确定并公布。选测项目原则上每年不得重复。

学校每学年对学生进行一次本标准的测试，本标准的测试方法按《国家学生体质健康标准解读》中的有关要求进行。

表 2-2 国家学生体质健康标准评价指标及权重系数

评 价 指 标	权 重 系 数
身高标准体重	0.1
肺活量体重指数	0.2
1000 米跑（男）、800 米跑（女）、台阶试验	0.3
坐位体前屈、掷实心球、仰卧起坐（女）、引体向上（男）、握力体重指数	0.2
50 米跑、立定跳远、跳绳、篮球运球、足球颠球、排球垫球	0.2

注：肺活量体重指数＝肺活量（毫升）÷体重（千克）

握力体重指数＝握力（千克）÷体重（千克）×100。

各评价指标的得分之和为本标准的最后得分，满分为 100 分。根据最后得分评定等级：90 分及以上为优秀，75～89 分为良好，60～74 分为及格，59 分及以下为不及格。学生体质健康标准成绩每学年评定一次，按评定等级记入国家学生体质健康标准登记卡，见表 2-3。学生毕业时体质健康标准的成绩和等级，按毕业当年得分和其他学年平均得分各占 50%之和进行评定。因病或残疾免予执行本标准的学生，填写《免予执行<国家学生体质健康标准>申请表》。

表 2-3 国家学生体质健康标准登记卡

														学　校		
姓　名				性　别									学　号			
院（系）				民　族									出生日期			
单项指标	大一			大二			大三			大四			毕业成绩			
	成绩	得分	等级	成绩	得分	等级	成绩	得分	等级	成绩	得分	等级	得分	等级		
重指数（BMI）（千克/米^2）																
肺活量（毫升）																
50 米跑（秒）																
坐位体前屈（厘米）																
立定跳远（厘米）																
引体向上（男）/1 分钟仰卧起坐（女）(次)																
1000 米跑（男）/800 米跑(女)（分·秒）																
标准分																
加分指标	成绩	附加分		成绩	附加分		成绩	附加分		成绩	附加分					
引体向上（男）/1 分钟仰卧起坐（女）（次）																
1000 米跑（男）/800 米跑（女）（分·秒）																
学年总分																
等级评定																
体育教师签字																
辅导员签字																

注：高等职业学校、高等专科学校参照本样表执行。

学校签章：　　年　月　日

思考题

1. 简述现代社会对人才的要求。
2. 如何认识体育在现代生活中的重要性？
3. 健康的概念是什么？
4. 心理健康对体育锻炼有何影响？
5. 简述体育锻炼对心理健康的良好作用。
6. 大学生的生活卫生包括哪几个方面？
7. 吸烟有何害处？
8. 酗酒有何害处？
9. 运动前为何要做准备活动？
10. 为什么运动后要做整理活动？
11. 体育锻炼时为什么应注意环境卫生？

第三章 体育保健

第一节 自我医务监督的内容和方法

自我医务监督是指在体育锻炼过程中,对自身生理机能和健康状况进行观察和评定的一种方法。自我医务监督有利于及时了解自己在锻炼过程中生理机能的变化,有利于防止过度疲劳,并为合理安排锻炼计划、训练内容和方法提供依据。

一、自我医务监督的内容

1. 主观感觉

1）身体感觉

锻炼后身体感觉良好,无不适症状,心情愉快,为正常状态。若出现异常的疲劳,感到头晕、恶心,出现呕吐或身体某些部位感觉疼痛等状况,则表明身体状况不好或患病,应减少运动量或暂停剧烈运动。

2）运动情绪

正常时精神饱满、精力充沛,渴望体育锻炼。若状况不佳或过度疲劳,就会有精神恍惚、情绪不佳等厌烦状况。

3）睡眠

入睡快,睡得深,少梦,醒来后精力充沛,属良好状态。如果入睡迟,易醒,多梦,失眠,醒来后仍感疲劳或无精神,则表明失常。

4）食欲

运动后一般食欲良好,食量增大。若运动后食量减少,不想进食,并在一定时期内不能恢复食欲,则表明肠胃器官的消化和吸收功能下降,身体健康状况不良。

5）排汗量

排汗量与运动量、训练水平、饮水量、气温、湿度、衣着及精神状态等有关。随着训练水平的提高,排汗量将逐渐减少。如果排汗量较过去明显增多,睡眠中大量出冷汗,则表明身体极度疲劳或可能是内脏器官患病,应引起注意。

2. 生理指标

1）脉搏

经常参加体育锻炼者的晨脉（基础心率）,一般比平时低,为44～66次/分钟。若晨脉比过去减少或稳定不变,说明身体机能反应良好；若每分钟比过去增加12次以上,则表明反应不良,需及时查找原因。

2）体重

在开始参加体育锻炼时,由于排汗量增加及脂肪量减少,体重稍有下降；持续3～4周后,体重即稳定在一定数值约5周；后随体育锻炼的继续,肌肉逐渐发达,身体各器官系统功能增强,体重稍有增加,但保持在一定水平。如果体重下降过快,同时精神疲劳,可能与过度疲劳或内脏器官患病有关,应及时检查。测量体重一般在早晨,每周1～2次。

3. 运动成绩

运动成绩包括身体运动素质项成绩及其他伤病情况等。

二、自我医务监督的方法

将体育锻炼后出现的各种生理反应和所测定的有关数据，在表 3-1 所列的医务监督表所属栏目中记录下来。然后对各项记录进行综合分析和判断，检查内容、方法、运动负荷是否合理科学。如果发现异常，应及时检查分析原因，并在教师的指导下及时调整练习内容和运动负荷。必要时暂停锻炼，或找医生做进一步检查。患有某种疾病或病后初愈者参加体育锻炼，更应在严密的医务监督下进行，谨慎安排锻炼的内容和强度，定期进行有关项目的生理、病理指标的检测。

表3-1 自我医务监督一览表

类别	内容	反应			备注
主观感觉	身体感觉	正常	一般	较差	
	运动情绪	正常	一般	较差	
	睡眠	正常	一般	较差	
	食欲	正常	一般	较差	
	排汗情况	正常	较多	虚汗	
生理指标	脉搏	有规律		不规律	
	肺活量	增加	保持	减轻	
	体重	增加	保持	减轻	
	尿便情况	正常		混稀	
运动成绩	素质成绩	提高	保持	下降	
	专项成绩	提高	保持	下降	
女子经期情况		正常		不正常	
其他	伤病情况	（记录伤病原因和程度）			

一般同学的医务监督表每周体育课后记录一次，校代表队运动员可在每次训练后记录。

第二节 常见运动生理反应与处理

运动会使人体生理活动过程的有序性受到暂时性的破坏，因而常常出现某种生理反应。

一、肌肉酸痛

1. 原因

刚开始或间隔较长时间后再锻炼，由于运动量较大，从而引起局部肌纤维及结缔组织的细微损伤，以及部分肌纤维的痉挛。

2. 症状

局部肌肉疼痛、发胀、发硬。

3. 处理

可对酸痛的肌肉进行热敷，还可进行肌肉按摩。

二、肌肉痉挛

1. 原因

在体育锻炼时，肌肉受到寒冷的刺激；准备活动不够充分，肌肉猛力收缩；局部肌肉疲劳，大量出汗，疲劳过度，体内缺少氢化物。

2. 症状

肌肉突然变得坚硬和隆起，疼痛难忍，且不易缓解。

3. 处理

立即对痉挛部分进行牵引，还可配合揉捏、扣打等按摩，症状即可缓解或消失。

三、运动中腹痛

1. 原因

运动中腹痛主要是准备活动不充分，运动过于激烈，内脏器官的功能不能满足运动器官的需要，造成脏腑功能失调而引起的。

2. 症状

两肋处有胀痛感或腹部疼痛。

3. 处理

减慢运动速度，加深呼吸，疼痛常可减轻或停止；若无效，应停止运动，口服十滴水，或揉按内关、足三里、大肠俞等穴位；若仍无效，则应送医院治疗。

四、运动性昏厥（休克）

1. 原因

由于剧烈运动或长时间运动使大量血液聚集在下肢，回心血量减少，脑供血不足导致昏厥。另外，有人空腹运动，血糖含量较低，造成能量供应不足而引起头昏。

2. 症状

全身无力，头昏耳鸣，眼前发黑，脸色苍白，失去知觉，突然昏倒，手足发凉，脉搏慢而弱，血压降低，呼吸缓慢。

3. 处理

应立即使患者平卧，足略高于头，并由小腿向大腿、心脏方向进行按摩，同时手指掐人中、百会、合谷等穴位。

五、中暑

1. 原因

在高温环境中（温度高、通气差、头部缺保护），被烈日直接照射，因体温调节功能障碍而发生中暑。

2. 症状

轻度中暑时会出现面部潮红、头晕、头痛、胸闷、皮肤灼热、体温升高；严重时将出现恶心、呕吐、脉搏快而细弱、精神失常、虚脱抽搐、血压下降甚至昏迷。

3. 处理

将患者迅速移至通风、阴凉处，冷敷额头，温水擦身，并喝含盐饮料或十滴水，数小时后即可恢复。

六、极点和第二次呼吸

1. 原因

由于内脏器官的活动跟不上运动器官的需要，能量消耗大，氧气供应不足，下肢回流血量减少，血乳酸大量堆积，引起呼吸循环系统活动失调，导致"动力定型"的暂时混乱，从而使动作慢而无力，也不协调。

2. 症状

呼吸困难，胸闷难忍，下肢沉重，动作不协调，甚至有恶心现象，不愿意再继续运动。

3. 处理

适当减慢速度，加深呼吸，继续坚持运动。无须疑虑和恐惧，这是一种正常的生理现象，随着训练水平的提高，这种生理反应将逐步推迟和减轻。

第三节　运动损伤及其急救和处理方法

在体育运动中发生运动损伤、创伤或运动性疾病是在所难免的。我们能做的是尽量避免和减少损伤，一旦发生后就要迅速、准确地进行急救处理。

运动损伤的原因：

（1）思想麻痹。

（2）准备活动不充分。

（3）缺乏自我保护能力和经验。

（4）技术上有缺点或错误。

（5）组织不严，纪律松懈。

（6）运动环境不好。

（7）身体状况不佳及带病（如癫痫）参加锻炼，或运动负荷安排不合理等。

一、运动损伤的预防

（1）加强安全教育，克服麻痹思想，提高预防损伤的意识。

（2）认真做好准备活动，对容易发生损伤的部位，做好预防措施，用辅助手段加以保护。

（3）合理安排运动量，运动时防止局部器官负担过重。

（4）加强保护与帮助，特别是自我保护意识和能力。

二、软组织损伤及处理

1. 开放性软组织损伤

1）擦伤

如果擦伤部位较浅，只需涂红药水即可；如擦伤面较脏或有渗出液时，应用生理盐水清洗创面后再涂上红药水或紫药水。

2）裂伤

裂伤伤口边缘不整齐，组织损害广泛，严重者可致组织坏死。

3）刺伤

刺伤的特点是伤口较小但较深，可能伤及深部组织器官，或将异物带入伤口深处，容易引起感染。

4）切伤

切伤伤口边缘整齐，出血较多，但周围组织创伤较轻。深的切伤可能切断大血管、神经、肌腱等组织。

裂伤、刺伤和切伤，轻者可先用碘酒、酒精将伤口周围消毒，然后在伤口上撒上消炎粉，用消毒纱布覆盖，加以包扎。裂口较长和污染较重者，应清除伤口内的污物和异物，切除失去活力的组织，彻底止血，缝合伤口。凡伤情和污染较重者，应口服或注射适当的抗菌药，预防感染。凡被不洁物致伤较深者，应注射破伤风抗毒素，预防破伤风。

2. 闭合性软组织损伤

肌肉拉伤、挫伤、扭伤等属于闭合性软组织损伤。对闭合性软组织损伤，应按其不同的病理过程进行处理。

1）早期

早期指伤后 24 小时或 48 小时以内，组织出血和局部出现红肿痛热、功能障碍等征象的急性炎症期。这一时期的处理原则是止血、防肿、镇痛和减轻炎症。治疗方法可根据具体情况选用冷敷，加压包扎、抬高伤肢等。一般是先冷敷后加压包扎，两者也可同时使用。包扎后要随时注意包扎部位的情况（过松或过紧），24 小时后即可拆除包扎。使用外敷药也可迅速消肿止痛，减轻急性炎症。此时，伤部不宜做按摩。

2）中期

中期指受伤后 24 小时或 48 小时以后，此时出血已经停止，炎症逐渐消退，局部仍有肿胀，肉芽组织形成，并开始吸收，组织正在修复。处理原则是改善伤部的血液和淋巴循环，促进组织的新陈代谢，使淤血和渗出液迅速修复。治疗可采用热敷、按摩、药物等疗法。

3）后期

后期损伤基本修复，肿胀、压痛等局部征象也已消除，但功能尚未恢复，锻炼时仍感疼痛、酸软无力。有些病例由于粘连或瘢痕收缩，出现伤部僵硬、活动受限等情况。此时的处理原则是增强和恢复肌肉、关节的功能。治疗方法以按摩、理疗、功能锻炼为主，适当配以药物治疗。

三、运动创伤急救的任务、原则和方法

1. 急救的任务和原则

发生运动创伤后，现场急救十分重要。现场急救的任务，主要是维持伤员生命、稳定伤情、防止继发性损伤并迅速送往医院。

急救原则：发生运动创伤后的急救首先要准确判断并实施正确的救助，其次要注意抓住主要矛盾，先急后缓，最后要分秒必争，临危不惧。

2. 急救方法

1）保持呼吸道畅通

及时清除伤员口、鼻、咽喉部位的异物、血块、痰或呕吐物等，解开伤员的衣领和腰带。对呼吸、心跳停止的病人，应立即进行人工呼吸和胸外心脏按压。

人工呼吸的方法：将患者头部后仰，托起下颌，捏住鼻孔，然后深吸一口气，将气吹入患者口中（注意包紧，别漏气），吹气后将捏鼻子的手松开。如此反复进行，吹气频率为 16~18 次/分，直至患者恢复自主呼吸。

胸外心脏按压的方法：将患者仰卧在平地或木板上，急救者两手上下重叠，用掌根置于患者胸骨下半部，肘关节伸直，借助于自身的重力和肩部力量，适度用力下压，将胸壁下压 3~4 厘米为度，随即松手，胸壁将自然弹回，如此反复进行。成人 60~80 次/分钟，小儿 90~100 次/分钟，直至患者恢复自主心跳。

必要时人工呼吸和胸外心脏按压同时进行，急救者之间要密切配合，两者以 1∶4 的频率进行。

2）防止休克

让伤员安静平卧，头稍低于脚，但头部受伤、呼吸困难者则不宜采用，而应稍抬高头部。保持温暖，但也不能过热，针刺或掐按内关、足三里、合谷、人中等穴位。

3）包扎

一般用厚的消毒棉垫与纱布将伤口包扎。外露的骨端不要还纳,以免将污染物带入深层,可用消毒敷料包扎,包扎方法如下:

(1) 环行包扎法:常用于肢体较小部位的包扎,或用于其他包扎方法的开始和终结。包扎时将绷带放在肢体上,用手压住,将绷带绕肢体包扎一周后,再将带头和一个小角反折过来,然后继续绕圈包扎,第二圈盖住第一圈,包扎3~4圈即可。

(2) 螺旋包扎法:将绷带卷斜行缠绕,每圈压着前面的1/2或1/3,多用于肢体粗细差别不大的部位。

(3) 反旋螺旋包扎法:做螺旋包扎时,用一拇指压住绷带上方,将其反折向下,压住前一圈的1/2或1/3,多用于肢体粗细相差较大的部位。

(4) "8"字包扎法:多用于关节部位的包扎。在关节上方开始做环行包扎数圈,然后将绷带斜行缠绕,一圈在关节下缠绕,两圈在关节凹面交叉,反复进行,每圈压住前一圈的1/2或1/3。

4) 止血

出血可分为外出血和内出血两种。在开放性损伤中因血管破裂而导致的血液流出称为外出血,止血方法有以下几种。

(1) 加压包扎法:小外伤、毛细血管或小静脉出血,流出的血液易凝结,在伤口部盖上消毒敷料后用绷带加压包扎即可。

(2) 指压止血法:一般用于动脉止血。即用手指将出血动脉的近心脏端用力压向其相对的骨面,以阻断血液来源,达到临时止血的目的。

(3) 止血带止血法:四肢大动脉出血,不宜用加压包扎或指压法止血时,可用止血带(橡皮带或其他代用品)扎于出血部位的近心脏端。使用止血带不能直接压在皮肤上,而要先在止血带部位垫上三角巾、毛巾等软物,将伤肢抬高再扎上止血带,其松紧度以能压住动脉血流为原则。扎住后应成蜡色,若成紫红色则说明扎得太紧,应立刻放松一些,以免肢体坏死。另外,为防止肢体坏死,上肢每隔20~30分钟、下肢每隔45~60分钟应放松一次。最后要记录止血带的部位和时间,立即送往医院。

5) 固定伤肢

包扎止血后,有骨折或有严重软组织损伤的肢体要用夹板将伤肢固定。固定要超过伤口上下方关节,以减轻疼痛,防止骨折端活动再造成损伤。

6) 保存好离断组织

离断的肢体、指、趾、耳、鼻等用无菌纱布包好,如可能将其放在冰上。注明受伤时间,随同病人送往医院。

经过上述简单的现场急救后,要尽快将病人送往医院。在急救中,其他人应立即呼救,目前我国统一的急救电话为"120"。

7) 急救为何掐人中

掐或针刺人中穴位是一种简便有效的急救方法,可以用于治疗中暑、昏迷、晕厥、休克等。为什么刺激人中穴会具有一定的作用呢?

(1) 刺激人中具有升高血压的作用,血压是主要的生命特征之一,任何原因造成的血压过低都会危及生命,在危急情况下,提高血压可以保证各重要脏器的血液供应,维持生命活动。研究表明,节律性刺激或连续强刺激人中均能引起动脉血压升高。

(2) 连续弱刺激可引起持续性吸气兴奋,适当的节律性刺激有利于节律性活动的进行。

019

在实际应用中应注意不同的刺激手法对呼吸活动有不同的影响，在充分发挥升高血压作用的同时，要注意避免对呼吸活动的不利影响。研究表明，适当的节律刺激最为合适，可用拇指尖掐或用针刺人中穴，每分钟掐压或捻针20~40次，每次持续0.5~1秒。

3. 急救用品代用法

各种急性伤病的发生很难预料，一些急救用品不可能随身携带，可以用随身物品替代。急救代用品：

（1）长筒袜子：可以做绷带。
（2）领带：骨折时可以固定夹板或用做止血带。
（3）浴巾：上肢骨折时，可用做三角巾。
（4）手帕：可用做止血、冷敷等。
（5）杂志、尺子、包装纸、伞、手杖等：均能在骨折时用做夹板。

四、常见运动创伤和运动性疾病的急救和处理

1. 休克

休克是一种急性有效血液循环功能不全而引起的综合征。

1）原因

休克的主要原因有运动量过大、身体生理状态不良，还有肝脾破裂大出血、骨折和关节脱位的剧烈疼痛等。

2）症状

早期常有烦躁不安、呻吟、表情紧张、脉搏稍快、呼吸表浅而急促等症状，此时较容易被忽略。继后，由兴奋期过渡到发作期，表现为精神萎靡不振、面色苍白、口渴、畏寒、头晕、出冷汗、四肢发冷、脉速无力，血压和体温下降，严重者会出现昏迷症状。

3）急救

应使病人安静平卧，注意保暖。对伴有心率衰竭的严重病人，应保持安静，使其平卧。可给服热开水及饮料，针刺或点穴（人中、足三里、合谷等穴位）。由骨折等外伤的剧痛而引起的休克，应给以镇痛剂止痛。休克是一种严重的病理状态，因此在急救的同时，应立即请医生来或将患者送往医院。

2. 晕厥

晕厥是由于脑部一时血液供应不足而发生的暂时性知觉丧失的现象。

1）原因

受惊、恐怖等引起精神过分激动；长时间站立或下蹲后突然站起，使血压显著下降；疾跑后立即停下，大量血液由于本身的重力关系而积聚在下肢舒张的血管中，回心血量减少，心输出量也随之减少，使脑部突然缺血而发生晕厥。

2）症状

晕厥时，病人失去知觉，突然晕倒。昏倒前，病人感到全身软弱、头昏、耳鸣，眼前发黑，面色苍白。昏倒后，面色苍白、手足发凉、脉搏慢而弱、血压低、呼吸缓慢。轻度昏厥一般在倒下片刻后，由于脑贫血消除即清醒过来。醒后精神不佳，仍头昏。

3）急救

使病人平卧，足部略抬高，头部放低，松解衣领，注意保暖，用热毛巾擦脸，自小腿向大腿做重推拿和揉捏。在知觉未恢复前，不能喝任何饮料或服药。如有呕吐，应将病人的头偏向一侧，如呼吸停止，应做人工呼吸。在知觉恢复后可喝热饮料，注意休息。

3. 低血糖症

饥饿、呕吐、摄食障碍和发热等情况，可引起低血糖症。低血糖症多发生在清晨或饥饿时及体力劳动后，表现为自觉饥饿感、疲倦、面色苍白、出汗、嗜睡、震颤与心搏微弱等。

急救方法：平卧，口服糖开水，到医院做进一步检查。

4. 脱位

由于暴力的作用使关节面失去正常的连接关系称为关节脱位，它可分为完全脱位和半脱位，前者是关节面完全脱离原来的位置，后者为关节面部分脱位。完全脱位时常伴有关节囊撕裂、关节周围韧带和肌腱损伤。

1）原因

运动中发生的关节脱位大多是由于间接外力所致。如摔倒时手撑地，可引起肘关节脱位或肩关节脱位。

2）症状

（1）受伤关节剧烈疼痛，并有明显压痛：主要因为关节位置改变，使神经和软组织受到牵扯和损伤。

（2）关节功能丧失：受伤关节完全不能活动。

（3）畸形：正常关节隆起处塌陷，而凹陷处隆起突出，整个肢体常呈现一种特殊的姿态。与健侧肢体比较，伤肢有变长或缩短的现象。

（4）用 X 射线检查可发现脱位的情况及有无骨折存在。

3）急救

伤后应立即用夹板和绷带在脱位形成的姿势下固定伤肢，保持伤员安静，尽快送往医院处理。

（1）肩关节脱位：可取三角巾两条，分别将顶角对折，再对折一次成为宽带。一条用于悬挂前臂，悬臂带斜挎胸背部，在肩上打结；另一条绕过伤肢上臂，在健肢侧腋下打结。

（2）肘关节脱位：用铁丝夹板弯成合适的角度，置于肘后，用绷带缠住，再用悬臂带挂起前臂。若无铁丝夹板，可用普通夹板代替，或采用三角巾固定的方法。

注意：关节脱位的整复，应由有整复技术的医生进行，没有整复技术经验的人，不可随意做整复处理，否则可能会引起严重的损伤，并影响以后的功能恢复。

5. 骨折及其临时固定

骨的完整性遭到破坏的损伤称为骨折，骨折可分为闭合性骨折和开放性骨折两种。前者皮肤完整，治疗容易；后者皮肤破裂，骨折断处与外界相通，容易发生感染，治疗较难。运动中发生的骨折多为闭合性骨折，是严重的损伤之一。

1）原因

骨折发生原因为直接暴力、间接暴力或肌肉强烈收缩。

2）症状

听到骨碎声，剧烈疼痛，出现肿胀及皮下淤血，功能丧失，发现畸形，有压痛和阵痛，出现假关节活动和摩擦音，X 射线检查可以确认骨折情况。

3）骨折的临时固定

用夹板、绷带把折断的部位固定起来，使伤部不再活动，称为临时固定。这是骨折的急救方法，其目的是减轻痛苦、避免再伤害和便于转送。如有休克，应先抗休克，后处理骨折；如有伤口出血，应先止血、包扎伤口，再固定骨折。

临时固定时应注意如下事项：

（1）固定前不要无故移动伤肢，以免加重伤情。为了暴露伤口，可剪开衣服。对于大、小腿和脊柱骨折应就地固定。

（2）固定时不要试图整复，如果畸形很厉害，可顺伤肢长轴方向稍加牵引。

（3）夹板的长度和宽度要与骨折的肢体相称，其长度必须超过骨折部的上、下两个关节。如果没有夹板，可就地取材（如树枝、木棍等）。夹板上最好垫上软物。

（4）固定的松紧要合适、牢固。四肢固定时要露出指（趾）尖，以便观察血液循环情况。如发现指（趾）尖苍白、发凉、麻木和呈紫色时，说明固定得太紧，应松开夹板，重新固定。

各部分骨折的临时固定方法如下：

（1）上、下肢骨折。见上述包扎部分。

（2）脊柱骨折。如果怀疑伤者有胸腰椎骨折时，应尽量避免骨折处移动，更不能让伤者坐下或站起。准备好硬板担架，由四人抬伤员上担架。抬时，三个人并排站在伤员一则，跪下一条腿，将手分别摆在伤员的颈、肩、腰、臀、腿及足部，由一人发口令，大家一起抬起，对侧的第四人帮助抬腰、臀部，轻放在担架上。应使伤员俯卧在担架上，固定不动。

（3）颈部骨折。发生颈部骨折时，应由三人搬运，其中一人管头部的牵拉固定，使头部与身体呈直线位置不动摇，将伤员仰放在硬板上，在颈上垫一小垫，不要用枕头，头两侧用衣服垫好，防止头部左右摇动。

第四节　医　疗　体　育

一、什么是医疗体育

医疗体育也称运动疗法或体育疗法，是指运用运动手段，根据不同人群及疾病的特点，选用合适的运动方法，确定合适的运动量，进行有针对性的治疗。它可由被治疗者本人进行各种体育运动，也可运用某些设备在治疗人员的帮助下进行。其目的在于改善功能、增强体质，预防各种继发性功能障碍的发生，治疗因各种伤病（含先天性疾病）所引起的各种功能障碍，以缩短康复期，尽早恢复生活和劳动能力，提高生活质量。

早期及时地进行医疗体育，可防止不太严重的病残继续恶化，防止发展到严重病残以致完全依赖于他人生活的地步，加重社会和经济负担，影响自身生活质量。因此，医疗体育已日益受到人们的重视。

二、医疗体育与其他疗法的区别

1. *治疗方法不同*

进行医疗体育治疗的最大特点是必须让被治疗者积极参加，否则就无法进行，因此医疗体育是主动、积极的治疗。由此带来的一系列对机体有利的影响，包括精神、神经、体液的调节，是其他疗法无法比拟的。

2. *治疗作用不同*

医疗体育的治疗作用不仅是针对某一功能障碍所引起的局部治疗，医疗体育训练产生的过程是作用于全身的主动治疗的过程。

3. *治疗目的不同*

医疗体育主要针对由于各种原因引起的功能障碍，包括肢体运动障碍、脏器功能障碍等病人，因此其目的在于提高甚至恢复其功能。而临床治疗对象是患有伤病的病人，因此其主要目的是挽救生命、逆转病理过程，但对功能恢复只是消极等待机体的自发恢复。

4. 治疗效应不同

医疗体育经长期坚持治疗后，可发挥治疗和预防两种效应，这是其他疗法无法比拟的，后者还可能因长期应用而产生副作用。

应指出的是医疗体育和其他治疗方法，包括药物、手术、护理、营养等，是相互协调、相互支持的，只要应用合理就可相得益彰，只是在治疗的某一阶段突出某一治疗而已。

三、体育疗法的适应症和禁忌症

体育疗法的应用范围很广，对许多疾病可取得特殊效果，但对有些疾病并不适用。

1. 适应症

（1）内脏器官疾病，如高血压、冠心病、慢性支气管炎、肺气肿、支气管哮喘、胃和十二指肠溃疡、慢性便秘等。

（2）代谢障碍疾病，如肥胖症、糖尿病等。

（3）神经系统疾病，如偏瘫、神经衰弱、脑震荡后遗症等。

（4）运动系统疾病，如骨折后的康复、腰腿酸痛、颈椎病、肩周炎、脊柱畸形、类风湿性关节炎等。

2. 禁忌症

禁忌症主要有病情较重、严重炎症、高热（体温在38℃以上）者；疾病正在急性发作期，如心绞痛发作时、结核病咯血等；其他情况，如骨折未愈合时，肿瘤病变尚处在进展期或因体育疗法可能引起出血和剧烈疼痛的情况下，均应禁用。

四、常见病的体育疗法

1. 腰肌劳损

腰肌劳损是由腰部肌肉细小损伤的积累或急性腰扭伤长期不愈所致。药物治疗效果不佳，按摩、理疗虽有效但疗程太久，体育疗法效果较好。具体方法如下：

（1）抱膝滚动：仰卧，屈膝，屈髋，大腿贴胸，双手抱膝，前后滚动10～20次。

（2）直腿抬高：仰卧，双腿交替进行直腿抬高各10～20次。

（3）两头起：仰卧，两手后背置于腰部，背、腰、臀、腿部肌肉同时用力，将上肢和腿同时抬起，停留一会儿，再还原，反复做10～20次。

（4）倒行按穴：双手叉腰，拇指向后按压大肠俞穴，每倒一步，双手按压一次穴位，连续倒行5分钟。

2. 肥胖症

一般认为，超过自身标准体重10%以内为正常体重，高于标准体重10%为超重，超过标准体重的20%为肥胖。

标准体重：目前使用最广泛的是体重指数（BMI）：体重（千克）除以身高（米）的平方。正常人的BMI范围为18～25，25～29.9为超重，大于30为肥胖。由于人种不同，中国人在BMI远远没有达到30之前，就开始出现各种肥胖症的征象，因此判断肥胖的BMI值应该小一些。

另外，还有两种简单的标准体重（千克）评价方法。

（1）身高>165厘米：身高（厘米）－100。

身高<165厘米：身高（厘米）－105（男）；身高（厘米）－100（女）。

（2）[身高（厘米）－150]×0.6＋50。

肥胖症可分为外源性肥胖和内源性肥胖两种。外源性肥胖是由于饮食过多，引起体内脂肪沉积过多所致。内源性肥胖是内分泌功能失调引起的，如甲亢、脑垂体病变、性腺机能不足等。

肥胖症的体育疗法：

① 耐力性运动：以中长跑、自行车、游泳、球类活动等有氧项目为主。强度中等，时间在1小时左右。

② 注意饮食：实行"三低"（低脂肪、低糖、低盐）饮食，避免饭后立即睡眠。

③ 常洗热水浴或冷热水交替浴：可促进减肥。

3. 神经官能症

神经官能症是中枢神经系统调节功能紊乱引起的功能性疾病。其发病常与过度紧张、精神负担过重有关，也与个人的神经类型或工作性质有关。

神经官能症除可适当应用药物（镇静剂）治疗外，体育疗法对调节大脑的兴奋抑制状态、改善情绪、分散对疾病的注意力是很有益处的。

神经官能症的体育疗法：

（1）太极拳：需全神贯注，精神高度集中。

（2）散步、旅行：散步每周4～5次，每次30分钟左右。

（3）气功和按摩：主要是以自我按摩为主。

（4）其他：情绪差、精神萎靡不振的患者，可进行乒乓球、篮球、划船等提高情绪的运动。

4. 糖尿病

糖尿病是胰岛素分泌不足而引起的机体代谢紊乱、血糖增高的疾病。其主要症状是三多一少，吃得多、喝得多、尿得多，体重减少。糖尿病的治疗主要是饮食疗法和胰岛素治疗，目前已经把体育治疗作为糖尿病治疗的重要手段。中度和轻度糖尿病患者适宜于体育治疗。主要方式有气功、太极拳、慢跑、自行车、游泳、乒乓球等运动。

在运动中应注意运动量应由小到大，循序渐进；每天运动1～2次，每次不超过30分钟，避免过度疲劳。另外，体育治疗应与药物治疗相结合。运动时间在早饭、午饭1小时后进行为宜，运动可起到降低血糖的作用。但重度患者不宜进行体育疗法。

5. 胃、十二指肠溃疡

慢性溃疡病的形成和发展均与胃酸及蛋白酶的消化作用有关。体育医疗能改善中枢神经和植物神经的紧张度，改善胃肠道的吸收与分泌功能。同时，加强腹肌和膈肌的运动，刺激胃肠蠕动，反向性地影响中枢神经系统的功能，从而减少胃内食物的淤积。此外，体育疗法能改善腹腔内的血液供应，从而提高胃黏膜的抵抗力，促进胃溃疡的恢复。

胃、十二指肠溃疡的体育疗法：

（1）气功、太极拳：尤以内养气功疗效较好，用侧卧式和坐式，每日2～3次，每次20～30分钟。太极拳锻炼每天两次，有利于调整胃肠道功能。

（2）腹部自我按摩：用中等强度揉、搓和穴位按摩，常用穴位有足三里、脾俞、胃俞等。

（3）其他运动：慢跑、行走、自行车及加强腹肌锻炼的各种保健操，对溃疡愈合均有一定效果。

症状严重的应注意避免体育运动可能引起的溃疡并发症，如穿孔、出血等。

6. 肩周炎

肩关节周围炎简称肩周炎又称"冻结肩"，多见于50岁左右的人，由于急慢性劳损或其他原因所致的肩关节囊和关节周围软组织的退行性病变、钙盐沉着及慢性非特异性炎症。

肩周炎的主要症状，急性期为肩部痛、钝痛，尤以肩关节外展上举时的酸痛明显，严重者不能活动。急性期过后可能发生黏连而造成肩关节运动障碍。体育疗法既简单又行之有效，方法如下：

（1）主动运动：肩关节向各方向做主动运动，从小幅度开始，逐渐加大幅度。要注意在禁止耸肩的前提下，做前屈、后伸、内旋、外旋及绕环动作，每次 10 分钟，早晚各 1 次。

（2）松动粘连：在主动外展或内旋、外旋或前平举至最大限度时，借助肋木、吊环、门框等，在维持最大活动限度的情况下，主动缓慢地用力加大活动范围至稍有疼痛、尚能坚持的程度，不可用力过猛、过大，否则会造成再度出血。

思考题

1. 造成运动损伤的原因是什么？如何预防？
2. 闭合性软组织损伤如何处理？
3. 运动创伤急救的任务和原则是什么？
4. 简述运动创伤的急救方法。
5. 急救为何要掐人中穴？
6. 分别简述造成休克、晕厥、低血糖的原因及急救方法。
7. 简述骨折临时固定的目的、注意事项和各部分骨折临时固定的方法。
8. 简称医疗体育与其他疗法的区别。
9. 简述体育疗法的适应症和禁忌症。
10. 简述肥胖症、神经官能症的体育疗法。

第四章　国际体育与运动竞赛

第一节　国际体育概述

当今国际体育确实发展到了一个新高度和新水平，完全迈进了现代化的门槛。体育在全世界获得的地位已无可动摇，其国际化、科学化、娱乐化、大众化的程度，比任何时期都更加突出。国际体育已经成为现代体育的一个十分重要的组成部分。

一、国际体育的意义

从古代奥林匹克运动会那种区域性的、在宗教力量影响下自然形成的国际体育交往形式，发展到今天的几乎泛及世界每一个角落，拥有完整的组织体系、制度体系和内容体系的国际体育活动，其本身就证明了国际体育的意义和价值。

1. 国际体育促进了各国家、各民族间的相互了解

国际体育活动不受种族、肤色、宗教信仰、地域环境、政治信仰、民族语言的限制，形成全人类相互了解的最适宜场合和最佳气氛。

2. 国际体育促进了文化、科技和经济的繁荣

对于参与国际体育活动的任何一个国家来说，其直接目的在于了解对方、学习对方和超越对方。这种了解、学习和超越，不仅限于体育本身，而且扩大到与体育有紧密联系的文化教育、科学技术、经济生产、环境保护、城市规划、交通运输等许多领域，其最终结果促进了文化、科技和经济的发展与繁荣。

3. 国际体育为各国各民族间的竞争和发展提供了舞台

竞争与发展是人类社会进步的两个方面，没有竞争就没有发展，新的发展必然带来新的竞争。国际的运动竞赛，是民族间体质、气质、运动技术和战术的较量，也是科学技术、经济基础和国家体育制度的较量。在统一的规则、公正平等的条件下，各个国家、各个民族都在国际体育舞台上表现自己的强烈愿望，也都怀着使国际体育健康长久地发展下去的愿望。无论是胜利的自豪，还是失利的悲愤，都会进一步激起民族奋起的精神，激发人们参加下一次竞争的信心和强化继续发展国际体育的信心。

4. 国际体育加速各项竞技运动纪录的更新

"高、精、尖、难"是现代竞技运动的显著特征，其具体表现就是各项竞技运动纪录和运动成绩的迅速更新，起因是有了频繁的国际体育交流活动。无论是国际的运动竞赛、科学合作和交流，还是国际体育器材博览会，都起了刺激竞争欲望和提供更新纪录可能条件的双重作用。

5. 国际体育促进了国际文化模式的形成

现在各国的大型体育活动都广泛地接受了国际文化模式，如开幕式、闭幕式、入场式、升旗降旗仪式、设吉祥物、火种接力传递和点燃火炬等。不仅如此，这种国际文化模式还被越来越广泛地运用于其他领域，如国际中学生数学、物理竞赛，被称为"奥林匹克中学生数学、物理竞赛"，并采用了奥林匹克运动会的记分法和组织方法。这种国际统一的文化

模式，既是国际体育的产物，也是国际体育进一步发展的条件，它将为整个人类的共同进步起到不可估量的作用。

6. 国际体育对维持世界和平具有积极意义

古代奥林匹克运动会曾经是和平的象征，现代国际体育本身仍有极大的和平意义。国际体育活动能形成一种强大的反对战争、维护和平的国际舆论，它对维护和平无疑具有积极意义。如在德国柏林举行的第 11 届奥林匹克运动会上，各国运动员以他们的行动揭露了希特勒纳粹主义丑行，掀起了世界范围的反战高潮。

二、国际体育的发展趋势

1. 体育运动国际化、科学化

当前体育运动已在全世界范围内进行，由于航空、电子、广播电视和通信卫星事业的发展，许多引人入胜的体育项目已经冲破了国家的界限，引起了广泛的兴趣。以美国洛杉矶第 23 届奥林匹克运动会为例，当时各国不惜高价购买电视实况转播权，这是奥林匹克运动会历史上首次成功大规模地向人类展示高科技成就，充分显示了现代科技的威力。第 23 届奥林匹克运动会当时被称为是"现代科学技术的展览会"，据说在 16 天的比赛期间，电子通信系统每天能传达 4 万次消息，回答 12 万个要求提供资料的问题并发送 5000 条新闻和特写。

2. 体育运动日益商品化

随着体育运动的日益商品化，世界许多国家都像经营商品一样经营体育运动。许多职业体育运动已变成"赚钱的大买卖"，许多职业运动队已经发展为工厂、企业甚至一个经济财团经营的运动队，为工厂做活广告，招揽生意。体育运动也促进了其他事业的发展，体育场馆建设、设备的生产制造已成为某些国家主要的经济支柱。重要的国际比赛会对一些国家的旅游业、饮食业、商业、交通运输业都产生巨大的经济影响。

3. 群众体育成为一项主要目标

进入 20 世纪 70 年代以来，发达国家的体育发生了深刻的变化。在竞技运动水平高度发展的同时，被称为"第二奥林匹克运动"的群众体育，成为普通大众生活中不可缺少的组成部分。许多国家为了真正达到"体育属于大众"的目的，依照本国实际情况，或制订措施，或组织群众性的体育组织，开展群众性体育活动。群众体育的发展将对社会产生深远影响，有助于提高生产力，促进国民收入的增加，降低医疗费用，防止过早丧失劳动能力，提高寿命，提高道德风尚。

三、体育的未来

根据未来社会的特征，未来体育的发展将出现以下特征：

1. 体育运动将进一步国际化

全球性通信网络的建立，使宇宙空间相对缩小；交通的发展，使万里之遥朝发夕至。加之整个世界在物质极大丰富的条件下，人们更加热衷于文化的竞争和交流，这就使体育运动的国际性得以更好地发挥。越来越多的令人喜闻乐见的运动项目被纳入国际运动竞赛的大纲，由于广泛的国际比赛的需要，世界各国正明显地向制定共同的体育规划的方向努力。四年一度的奥运会竞赛规则，将制约世界各国运动员的训练计划。不分性别、种族和宗教信仰，不分社会制度、经济水平和地理位置，各国的运动健儿都可以在国际体坛上一显身手。国际体育组织及其成员国会越来越多，参加国际运动竞赛的国家也日益增多。

2. 体育运动将进一步社会化、大众化

体育活动的一切条件都日益优越，从物质、时间、精力等各个方面来看，人们都更加具备个性自由发展、全面发展的条件。体育将属于所有人，为了所有人，并向所有人开放。作为一种被激活了的需要，人们都自觉、自愿地参加体育活动，体育将成为人们日常生活不可缺少的一个组成部分，成为人们生命活动的一部分。

3. 未来体育将更加科学化

新的科学技术和理论为体育科学化提供了更大的可能性。计算机将在体育科学研究中扮演主要角色。机器人将走进运动场，成为未来比赛和训练场上的新客人，充当教练员、运动员的得力助手，甚至成为赛场上快速、准确、公正无私、称职的裁判员。新技术、新材料的发现和应用，将使体育的科研、教学、训练、竞赛组织、场地设施、仪器器材达到意想不到的高质量、高效率。一些科学理论的新发现，将使体育功能得到最充分的开发和利用。如人体科学、生物工程、遗传工程、管理决策、心理学等新的研究成果，甚至会对人体的结构、功能、质量产生突破性的影响，为体育的科学化提供重要的理论根据。

4. 人们的体育兴趣将更加广泛、活动内容将更加多样

未来社会将为人们提供充分的体育活动场所和足够的、具备专长的活动指导者，加上社会体育组织和团体的遍在性，人们有条件根据自己的爱好选择各种体育活动内容。

5. 未来体育将终生化

家庭、学校、社会体育各自分离的状况在未来社会将会得到弥补，形成家庭体育—学校体育—社会体育相连贯的新体系，在人的一生中连续不断地进行。终身体育在目的上的一贯性，使家庭、学校和社会体育在内容上具有连贯性，在场地设施方面实现了学校体育与社会体育融为一体，相互提携。

6. 学校体育将由强调"健身"转为"全面育人"

基于对体育功能的全面认识和开发，学校体育将不仅仅局限于"健身"，而更加强调利用体育这种多功能的手段，从培养一代全面发展的新人出发，提高学生的生活质量，建立科学、健康、文明的生活方式，培养现代人的意识和品德。这就使学校体育的目的与整个学校教育的目的更趋于一致。

7. 体育场地设施充裕和体育组织的广泛存在

在未来社会中，人们对体育需求的增长和物质条件的许可，体育场地设施将大批兴建，不仅是在学校、企业、厂矿，而且在一些社区和家庭里也会拥有一些小型的体育设施，供人们日常锻炼使用。同时，各种吸引人们加入的体育组织，如体育俱乐部、游乐场、健美中心、运动协会、体育辅导站等将大量涌现。在那里，人们可以找到自己喜爱的、方便自己活动的场所，这些是体育活动社会化、大众化的物质和组织条件。

8. 人体机能水平和运动能力将大大提高，寿命将延长

人体机能水平和运动能力的潜力是很大的，在未来社会，在新理论、新技术、新材料、新方法的支持下，人体的机能水平和运动潜力将会得到极大的发挥。专家预测，到2050年，运动能力提高将主要依靠生物工程设计和计算机训练的方式。人们运用遗传工程技术可以设计制造出在奥运会各项运动中夺取冠军的新人，以致奥运会的竞争逐渐失去竞争的意义。加上运动技术的改进和训练方法的科学化，各项运动的世界纪录将不断被改写。

人的寿命是一个有待揭示的奥秘。20世纪60年代，美国科学家通过细胞分裂的科学实验，推测人的最高寿命可以达到120岁。随着人类生活水平的普遍提高，社会福利事业和医疗条件的不断改善，人类的平均寿命将会不断提高。

第二节 奥林匹克运动与国际体育组织

一、奥林匹克运动的基本概念

奥林匹克运动是在奥林匹克主义的指导下,以体育运动和四年一度的奥林匹克庆典为主要活动内容,促进人的生理、心理和社会道德全面发展,沟通各国人民之间的相互了解,在全世界普及奥林匹克主义,维持世界和平的国际社会活动。

奥林匹克运动可以追溯到古希腊的奥林匹克运动会(简称古奥运会),从公元前776年有文字记录的第1届古奥运会到公元393年,共举办了293届,历时1169年。古奥运会是一种具有宗教性质的庆典活动,以竞技的形式表达人们对神灵和英雄的崇拜。然而古奥运会同希腊文化一起,随着奴隶制的崩溃而消亡了,但它所保留下来的竞技传统、理想和精神,在19世纪末资本主义生产、发展的进程中,在文艺复兴、宗教改革、启蒙运动的影响下,通过现代奥林匹克运动的先驱者——法国教育家顾拜旦的不懈努力得以重现。1894年6月23日在法国巴黎成立了国际奥林匹克委员会,选举了希腊诗人维克拉斯为第一任主席,顾拜旦为秘书长,1896年4月在希腊雅典举行了第1届现代奥林匹克运动会(简称现代奥运会或奥运会)。

现代奥运会是声望最高、最庄严、最隆重的国际体育盛会,也是比赛规模最大、水平最高和影响最深远的综合性运动会。其宗旨是"团结、和平、友谊",格言是"更快、更高、更强"。现代奥运会自1896年到现在的100多年历史中,尽管经历了不少坎坷,但仍然发展成为当今全世界人民最热爱与关注的体育文化活动。随着社会的发展与进步,奥林匹克盛会展示在世人面前的将是它更加辉煌壮观、更加美好圣洁的景色。

在1949年以前,中国先后参加了第9、10、11、14届奥运会,由于历史原因没有取得较好的体育成绩。1949年以后,运动健儿先后参加了第15、23、24、25、26、27、28、29、30、31届奥运会,并取得了比较辉煌的成绩,至今中国运动员共获得200多块奥运会金牌。2001年7月13日,中国北京获得了2008年第29届奥运会的举办权,2008年成功举办了第29届奥运会。

二、国际奥林匹克委员会

国际奥林匹克委员会简称国际奥委会,是奥林匹克运动的最高组织,1894年6月23日在法国巴黎成立,首任主席是希腊人维克拉斯,现代奥林匹克运动的创始人是顾拜旦,现任主席是托马斯·巴赫。国际奥委会的组织结构包括国际奥委会、执行委员会(主席、副主席、执行委员)、专门委员会和国际奥委会总部等机构。

国际奥委会的主要宗旨是:

(1)鼓励组织发展体育运动和组织竞赛。

(2)在奥林匹克理想指导下,鼓励和领导体育运动,从而促进和加强各国运动员之间的友谊。

(3)保证按期举办奥林匹克运动会。

(4)使奥林匹克运动无愧于顾拜旦男爵及其同事们恢复起来的光荣历史和崇高理想。

三、国际大学生体育联合会

国际大学生体育联合会简称国际大体联,最早创建于1919年,当时称国际大学生联盟。1949年9月,国际大学生体育联合会宣布成立,现有会员协会162个,总部设在布鲁塞尔。1975年,中国大学生体育协会被国际大体联接纳为正式会员。

国际大体联是独立的综合性国际体育组织,同国际奥委会及其他体育组织无从属关系,但在组织各项比赛时需采用各国际单项组织的比赛规则,现任主席是乔治·基里安。

国际大体联的任务是:在大学界和体育界建立自己的声誉,加强各国已有的大学生体育组织;通过研究委员会增强大学、体育运动和学生之间的联系;通过与政界、商界和新闻界接触为发展各国大学生体育运动提供新的经济资源;通过教育确定体育发展计划,为当代社会体育和教育有关的问题确定道德标准。

四、国际单项体育联合会

国际单项体育联合会简称国际单体联,是世界范围内管理一项或几项运动项目并接纳若干管理这些项目的国家及团体的国际性的、非官方的组织。

根据公认的国际法,主要可分为由国家参加的国际性官方组织,以及个人或各国社会团体建立的国际性非官方组织。

国际单体联与国际奥委会、国家奥委会的关系是相互承认,而不是隶属关系。

国际单体联中得到国际奥委会承认的有 62 个,其中 34 个列入奥运会项目(★)、8 个临时承认项目(▲),见表 4-1。

表 4-1 国际单项体育联合会一览表

编号	名称	成立时间/年	会员数/个
1★	国际业余田径联合会(IAAF)	1912	209
2★	国际赛艇联合会(FISA)	1892	103
3★	国际羽毛球联合会(IBF)	1934	130
4★	国际棒球联合会(IBA)	1938	108
5★	国际篮球联合会(FIBA)	1932	208
6★	国际业余拳击协会(AIBA)	1946	188
7★	国际皮划艇联合会(FIC)	1924	100
8★	国际业余自行车联盟(UCI)	1900	169
9★	国际马术联合会(FEI)	1921	111
10★	国际击剑联合会(FIE)	1913	99
11★	国际足球联合会(FIFA)	1904	203
12★	国际体操联合会(FIG)	1881	124
13★	国际举重联合会(IWF)	1905	162
14★	国际手球联合会(IHF)	1946	142
15★	国际曲棍球联合会(FIH)	1924	119
16★	国际柔道联合会(IJF)	1951	178
17★	国际业余摔跤联合会(FILA)	1912	136
18★	国际游泳联合会(FINA)	1908	155
19★	国际现代五项和冬季两项联盟(UIPMB)	1960	142
19★	国际现代五项联盟(UIPM)	1948	85
19★	国际冬季两项联盟(IBU)	1993	57
20★	国际垒球联合会(ISF)☆	1952	101
21★	世界跆拳道联合会(WTF)☆	1973	157
22★	国际网球联合会(ITF)	1913	190
23★	国际乒乓球联合会(ITTF)	1926	177
24★	国际射击联盟(UIT)	1907	149
25★	国际射箭联合会(FITA)	1931	108
26★	国际铁人三项联盟(ITU)☆	1989	120
27★	国际帆船联合会(ISAF)	1907	121

续表

编 号	名 称	成立时间/年	会员数/个
28★	国际排球联合会（FIVB）	1907	121
29★	国际雪车联合会（FIBT）	1923	49
30★	世界冰壶联合会（WCF）	1966	33
31★	国际冰球联合会（IIHF）	1908	55
32★	国际无舵雪橇联合会（FIL）	1957	44
33★	国际滑冰联盟（ISU）	1892	64
34★	国际滑雪联合会（FIS）	1924	86
35	国际技巧联合会（IFSA）	1973	57
36	国际航空运动联合会（FAI）	1905	85
37	国际登山联合会（UIAA）	1932	80
38	世界台球运动联盟（WCBS）	1992	97
39	世界滚木球运动联盟（CMSB）	1985	71
40	国际高尔夫联合会（WAGC）	1958	77
41	国际荷球联盟（IKF）	1933	33
42	国际无挡板篮球联合会（IFNA）	1960	42
43	国际定向越野运动联合会（IOF）	1961	46
44	国际轮滑联合会（FIRS）	1924	98
45	国际回力球联合会（FIPV）	1929	25
46	国际马球联合会（FIP）	1985	48
47	国际保龄球联盟（FIQ）	1952	91
48	国际短网拍墙球联合会（IRF）	1968	90
49	国际橄榄球理事会（IRB）	1886	83
50	国际救生联合会（ILS）	1993	121
51	国际滑水联合会（IWSF）	1946	80
52	世界壁球联合会（WSF）	1992	111
53	世界潜水运动联合会（CMAS）	1959	134
54	国际冲浪运动协会（ISA）	1964	40
55	国际蹦床联合会（ITF）	1964	46
56	世界空手道联合会（WKF）	1993	160
57	国际象棋联合会（FIDE）	1924	186
58	世界桥牌联合会（WBF）	1958	103
59▲	国际体育舞蹈联合会（IDSF）	1990	64
60▲	国际汽车联合会（FIA）	1904	117
61▲	国际健美联合会（IFBB）	1946	169
62▲	国际摩托车运动联合会（FIM）	1949	79
63▲	世界摩托航海联合会（UIM）	1922	60
64▲	国际相扑联合会（IFS）	1946	75
65▲	国际武术联合会（IWUF）	1990	142
66▲	国际拔河联合会（TWIF）	1960	53

第三节 运动竞赛的组织与编排

运动竞赛是竞技运动的重要组成形式。它是以争取优胜为直接目的，以运动项目为内容，根据规则的要求，进行个人或集体的体力、技艺、心理和智慧的比赛。运动竞赛的种类很多，有邀请赛、对抗赛、友谊赛、选拔赛、通讯赛、单项赛和综合性运动会等。

一、运动竞赛的组织

运动竞赛的组织程序应包括下述几点：

1. 制订竞赛计划

竞赛计划一般包括所要进行的项目、时间、地点、参加单位、对象和人数、主办单位、竞赛办法等。

2. 制订竞赛规程

竞赛规程是运动竞赛的指导文件，是竞赛中各项工作的依据，一般包括：运动会的名称，目的、任务和要求，时间和地点（包括报名、报到时间），参加单位，参加办法（规定各单位参加的人数、每项人数）和报名手续，竞赛办法（包括竞赛项目、运动员资格、采用的比赛方法、竞赛规则、奖励办法），队旗（单位标志），特别规定及注意事项等。

二、田径运动会的编排方法

秩序册是全面、具体地安排一次运动竞赛的基本文件，一般由主办单位编发，编排步骤如下：

1. 注册

审查单位报名单，检查是否合乎竞赛规则。

2. 编排号码

按报名单位、报名次序编排每名运动员的号码，然后编排运动员姓名、号码对照表。

3. 编组

编组的方法是用跑道数除以项目参加人数，同时要考虑各组在比赛时录取多少和是否符合决赛的人数。有决赛的比赛，在预赛和复赛时，尽量不将同一单位的运动员安排在同一组内；短跑和跨栏跑都要分组，中长跑和田赛一般不分组。

4. 编排比赛日程和程序

比赛的日程和程序是运动会一切比赛项目的比赛依据。在编排时要详细了解场地、设备、裁判员的组织情况；考虑运动员参加项目的情况（兼项）；径赛各项目的赛次尽量隔开；估计开幕式、闭幕式和各项比赛所需的时间；不同的组别或不同性别的相同径赛项目，尽量连排在一起；相同组别不同比赛项目应分开排，并注意间隔时间；对费时的项目和需要临时场地的项目，要充分考虑，适当安排，编出程序表。

5. 检查

对注册、编排号码、编组、编排比赛日程和程序等工作进行详细检查、校对，检查编得是否合适，有无遗漏或重复等。

6. 编排秩序册

其主要内容如下：

（1）运动会的组织者、裁判员和工作人员名单。

（2）开幕式和闭幕式程序。

（3）竞赛规程和各项须知。

（4）比赛日程秩序表和竞赛分组表。

（5）各单位领队、教练员和运动员姓名、号码对照表。

（6）特殊项目的比赛方法和规则。

（7）运动场平面示意图和简略说明，以及运动会各项目记录。

三、球类比赛的编排方法

一般球类比赛常用的比赛方法有淘汰法（单、双）、循环法（单、双）、混合法、轮换法、顺序法等。现对单淘汰法与单循环法两种比赛秩序册的编排进行介绍。

1. 单淘汰法

单淘汰法是通过比赛逐步进行淘汰，最后决定优胜者。这种方法有两种情况：一种是按一定的顺序让参加者一组一组地表现成绩，通过及格赛、预赛、复赛、决赛，淘汰较差的选手，比出优胜选手，田径、游泳项目多采用这种方法；另一种是球类和其他对抗性比赛项目，一对一地按事前排好的淘汰表进行比赛，胜者进入下一轮，直到最后一对决出优胜者。后一种情况的淘汰法，第一轮可能会出现轮空，为了不使强队过早相遇而被淘汰，可将最强的队（运动员）定为种子队排在两头（含各区）；或有轮空机会时让强队轮空。

2. 单循环法

单循环法就是所有参赛的队（人）都相互比赛一次，最后按各队（人）胜负场数和得分多少排列名次。如果参赛队数是单数时，轮数等于队数；如果是双数时，轮数等于队数减一。

单循环比赛秩序的编排方法如下：

（1）用号码分别代表各队，按以下方法排出各轮次的比赛表。例如，有6个队参赛，比赛轮次如表4-2所列。即1队不动，其他各队按逆时针方向轮转；如果只有5个队参赛，则将6换成0，凡与0相遇的队，即为轮空。

表4-2　6队比赛轮次表

第一轮	第二轮	第三轮	第四轮	第五轮
1—6	1—5	1—4	1—3	1—2
2—5	6—4	5—3	4—2	3—6
3—4	2—3	6—2	5—6	4—5

（2）由各队抽签，按抽签的号码，将队名填入轮次表，再排定比赛日程。

四、竞赛活动的组织工作要点

（1）根据比赛的规模和特点，成立相应的办事机构，明确各类人员的分工和职责。例如，举行一届运动会，一般都应成立组委会，下设竞赛组、场地器材组、宣传组、保卫组等。

（2）制订工作计划和竞赛规程，编排竞赛秩序。竞赛规则是竞赛活动得以顺利进行的法规性文件，是竞赛过程中一切活动的依据。它应对比赛的目的、时间、地点、项目、参赛资格、报名办法、比赛方法、竞赛规则、名次的确定和奖励办法等都作出明确规定，以便有章可循。

（3）做好组织裁判、安排场地、检查器材、医务监督、落实后勤服务等工作。

（4）比赛中抓好赛场秩序、宣传工作，及时公布比赛成绩。比赛后做好整理、登记成绩，交流、总结经验等工作。

思考题

1. 简述国际体育的意义与价值。
2. 未来体育的发展将会表现出哪些主要特征？
3. 国际奥委会的主要宗旨是什么？
4. 你能说出多少个国际单项体联的名称？
5. 竞赛规程的内容主要包括哪些？
6. 简述田径运动会秩序册的编排程序。

第二部分　　体育实践部分

第五章　　足球

第六章　　篮球

第七章　　排球

第八章　　乒乓球

第九章　　羽毛球

第十章　　网球

第十一章　　橄榄球

第五章 足 球

第一节 足球运动简介

　　足球是一项古老的运动项目，中国古代足球运动称为"蹴鞠"。
　　现代足球运动1863年起源于英国，在19世纪末传入中国。足球运动既具有参加人数多、场地大、比赛时间长、对抗性强、运动量大等特点，又具有激烈性、惊险性、刺激性，还具有很高的欣赏价值和锻炼价值。参加足球运动，能增进身体健康，提高力量、速度、耐力和灵敏性等身体素质，同时可以培养勇敢、顽强、机智、果断、坚韧不拔、积极进取和勇于克服困难等优良品质。
　　足球运动是一项以脚控制球为主、两队相互攻守对抗、以射球入门数的多少判定胜负的球类运动。足球运动既可竞技比赛，也可游戏娱乐。
　　足球的比赛场地长100~115米、宽64~75米，并要铺有草皮。场内画有中场线、中圈、开球点、罚球区（禁区）、罚球弧、球门区和罚球点；四角插有角旗，并画半径为1米的弧线；球门高2.44米、宽7.32米。
　　比赛以时间计算，分为上、下半时，两个半时各45分钟，上半时结束后双方交换攻防场地进行下半时比赛。比赛中因偶然事故或其他原因损失的时间均应补足，时间多少由裁判员斟酌决定。上、下半时之间的休息时间不超过15分钟。
　　比赛时，每队上场队员不得多于11名，其中必须有1名守门员。每场比赛替补队员不得多于3名，而且被替换下场的球员不得再次替换上场。
　　在90分钟的比赛中，攻入球数较多的一队获得胜利，如双方均未攻入球或攻入球数目相等，这场比赛应为"平局"。但在单淘汰赛制中出现平局时，则要进行30分钟（上、下半时各15分钟）的加时赛以决出胜负。如加时赛后仍出现平局，则要采用互罚点球来决出胜负。
　　女子足球的比赛规则同男子足球的相同，比赛时间亦为上、下半时各45分钟，但加时赛为20分钟（上、下半时各10分钟）。
　　现代足球运动是世界上开展得最广泛、影响最大并深受各国人们喜爱的运动项目，有人称它为"世界第一运动""运动之王"。经常从事足球运动锻炼，可以锻炼反应能力和判断能力，培养各种优良品质和团结互助、遵守纪律的集体主义精神。

第二节 足球运动的锻炼方法

一、运球练习方法

　　交叉掩护运球。
　　示例一：四人一球，两人一组相对站立，以①②③④代表人的号码（下同）。①运球前进，②从①运球脚的同侧迎面跑上把球接过来再向前运交给③，③④重复①②的动作。也可以两人一球从中场反复进行交叉掩护运球至罚球弧时射门。还可以六人一球，③④与①②相对站立，⑤⑥排在①②之后，①斜线运球与②交叉掩护后由②将球传给③，③④返回交叉掩护后由④将球传给⑤，⑤⑥重复①②的动作。

示例二：三人一球，②①与③相对站立，①将球传给③后立即上前阻抢，③接运球后摆脱或突破①并将球传给②，②③重复①③的动作。

二、踢球练习方法

（1）两人一组，相对站立，互用左（右）手扶靠对方左（右）肩上。做右（左）大腿带动小腿摆腿踢球的模仿练习。

（2）把球放在足球墙根，踢固定球。

（3）两人一球，一人踩球，一人用各种部位踢固定球。

（4）每人一球，面向足球墙踢球。

（5）每人一球，向足球墙的标志区踢定位球。

（6）场地中央画一个直径5厘米的圆，圆心插一面小旗。每人一球，在距小旗约25米处围成圆，练习踢准。

（7）两人一球，相距约15米，用各部位踢定位球。

（8）两人一球，相距约10米，相互传地滚球。

（9）6~8人分成两组，相距约10米，相互连续直接传地滚球，传完球后即跑至对方队尾。

（10）8~12人分成四组，①②将球同时传地滚球给③④后跑至⑥⑤的队尾；③④直接将球同时传给⑤⑥后，跑至⑧⑦的队尾。

（11）各组按顺时针或逆时针方向依次直接传球后，跑至向其传球的队尾。也可用两球由①④或②③同时先传。

（12）①②相距约20米，①传球给②后跑上，①将②直接回传的球再传给②后跑至④的队尾；②再将球传给③后跑至③的队尾。要求每人做地滚传球2次。

（13）②将球传给①后快速从①身后套边插上，①将球传给③后快速从③身后套边插上，③再将球传给②并从②身后套边插上。原则上要求每人直接传地滚球。

三、踢过顶球的练习方法

（1）两人一球，相距约25米，过顶传球。

（2）三人一球，在两个练习过顶传球中间站一个断球人。

（3）②快速接应并将①传来的球传回给①，①踢过顶长传给③，③也将球传给上前接应的②，并将②的回传球过顶长传给①。

四、转身踢球的练习方法

（1）练习助跑转身对墙踢定位球。转身角度由小到大，然后向墙对面推踢球再做转身对墙踢球练习。

（2）两人一球，相距约20米，一人传不同角度的地滚与空中球，另一人练习转身踢球。

五、踢侧面、侧前、侧后及后方来的地滚球射门的练习方法

教师站在中圈前沿，学生站在中圈内，并依次传地滚球给教师，然后追赶教师的直传地滚球射门。

六、接球技术练习方法

（1）每人一球，对墙踢地滚球，并前迎用脚的各部位从各个方向接球。

（2）两人一球，相距约15米，相互踢地滚球，并迎上做各个方向的接球练习。

（3）三人一球，站成一条直线，进行传、接地滚球练习（也可传接反弹球、空中球）。

七、接反弹球练习方法

（1）每人一球，在颠球时可颠前、后、左、右的高球，然后进行反弹球练习。

（2）两人一球，相距约 10 米，一人抛或脚背挑弧线球，另一人迎上踢反弹球。

（3）两人一球，相距约 25 米，在相互传球中进行接反弹球练习。

（4）四人一或两球，相距约 30 米，每边两人，一人专门传球，另一人专门接另一边传来的弧线反弹球。

八、接空中球练习方法

（1）每人一球，自抛自接或结合颠球进行身体各部位的接空中球练习。

（2）两人一球，互抛（传）互接各种空中球练习。

九、运、传球综合练习

（1）①与②同时运球过障碍后将球传给另一组的④③后，分别跑至另一组的队尾；④③接运球后重复①与②的动作。该练习以传、接地滚球为主。

（2）⑧与⑨同时向同方向运、传直线地滚球，然后交叉跑去接、运对方传出的球。

十、接、传球综合练习

（1）两人一球，一人传各种性能的脚下球或空中球，另一人接球后将球平稳、准确地传回。

（2）①④同时传空中球，①传给③后跑到④的位置接③的传球；④传球给②后跑到①的位置接②的传球，然后④①再重复上述①④的动作。

（3）①与②做二过一后，①将球长传给④；④接球后再与③做二过一配合，并将球长传给①，直至射门。

（4）②将球传给①后从其另一侧绕过伺机射门；①接运球后与③做直传斜插二过一配合，并将球传给插上的③或②，由他们射门。

（5）⑨⑩同时相互斜线长传过顶球，并直线插上接对方传来的球，不断重复直至射门。

十一、头顶球练习方法

（1）体会顶球时身体各部位用力的顺序和方法。

（2）教师讲解示范后，学生模仿练习。

十二、守门员技术练习方法

（1）学生按接球的预备姿势站好，并根据同伴的手势做向前、后、左、右移动的练习。

（2）一人守门，数人围罚球区扇形等距离站好。每人一球，由右（左）侧开始依次做定位球射门；守门员进行选位、移动和接球练习。

（3）接球技术动作练习。

① 两人一球，原地模仿地滚球、平高球和高空球的身体与手法动作。

② 两人一球，相距 5 米，互相抛接地滚、平高、高空及体侧球的练习。

③ 两人一球，相距 25 米，一人掷各个方向、各种性能和距离的球，另一人练习移动中接球的动作。

④ 两人一球，相距 5~15 米。一人守门并力争接稳、接牢另一人射向自己身体附近的球。

⑤ 练习接自己或同伴抛向或踢向足球墙反弹回来的各种高度的球。

⑥ 自己抛或踢空中的球，接直上直落的球。

十三、抢截球技术练习方法

（1）两人一球，一人前脚掌踏定球，另一人做正面脚内侧抢球动作。

（2）两人一球相对站立，距离 3~4 米，将球放在中间，听到哨声后，两人上前用脚内侧抢球。

（3）两人一球，相距 8 米，一人向前运球，另一人迎上做正面跨步脚内侧抢球动作。

（4）三人一球，练习断球。

① 一人传球，一人定位接球，另一人练习断控球动作。

② 一人传球，一人摆脱跑动传球，另一人积极断球。

（5）圈中央者各持一球，如①对外围的一个人传球后，立即上前堵抢，外围接球人则运球晃过摆脱，并将球带到中央后，再向外围另一人依次传球并上前堵抢。

（6）两人一球。一人向前做各种变向、变速运球动作，另一人边后退边练习封堵、抢占运球人欲通过的路线。

（7）两人一球。一人全力运球过人，另一人积极抢球。

（8）侧面合理冲撞抢球练习。

① 两人并肩慢跑做合理冲撞练习。

② 教师传地滚直线球，球踢出后两人再追抢，并做合理冲撞抢球动作。

③ 一人慢运球，另一人从后面追上后，做侧面合理的冲撞抢球动作。

（9）侧后铲球练习。

① 对静止球做铲球练习。

② 向前慢运球，并追上做铲球动作。

③ 两人一球，一人直线慢运球，另一人追上从侧后做铲球动作。

（10）争抢运球射门练习。两个球门相距 30 米，将学生分成两组，并按同一顺序编号相对站立在各自球门的两侧。当教师喊出一个号码时，同一个号码的两侧学生应立即从各自站立的地点跑出，抢教师传的球。抢到者设法将球射入对方球门才算得分；如球被对方又抢回或出界即结束。

（11）综合练习。①长传过顶球给②，当②预备运球时，①立即迎上抢截球，②运球过人射门，然后互相跑至对方队尾。

（12）攻防对抗练习。

① 在一定范围内进行四对二、五对二、六对三传抢球游戏。抢截者触球或传球者将球传出界外交换位置，要酌情限制"触目惊心球"次数。

② 在一定范围内进行三对二、四对三、五对四等攻防练习。也可以将多的人作为中间人。规则同上或规定防守者抢球在手再交换位置。

③ 在各种范围内，进行等人数的攻防激烈对抗。球门可大可小，可多可少，可以不设球门，也可不设守门员。

十四、扑球技术动作练习方法

（1）跪在沙坑或垫子上，在适当地点放一球。然后从腿、上体、手臂依次侧倒，双手按球，呈扑地滚球姿势。

（2）呈预备接球姿势站在沙坑、垫子旁或场地上，做侧跃双手扑接球。并按手臂、上体、大腿、小腿的顺序依次着地团身。

（3）做预备姿势站在沙坑或地上，侧跃扑接抛或踢过来的地滚球或空中球。

（4）接球人面对足球墙，扑接另一人抛或踢向足球墙反弹回来的地滚球或空中球。

（5）罚点球处放三个球，一个人连续射门，守门者依次连续扑接三个球。

（6）在罚球弧处横排 5~10 个球，一人连续射向球门两侧的各个角度，守门者依次连续扑接两侧的球。

（7）一人站在角球区附近，向球门踢各种性能的空中球。守门者练习接空中球、拳击球或托球。

（8）在围绕射门的技术、战术练习中，要求守门员全力接住每次射向门里的球。

第三节　足球比赛规则简介

1. 国际比赛场地

长度：最短100米，最长110米。

宽度：最短64米，最长75米。

所有线的宽度不超过12厘米。

2. 球门

球门宽7.32米，高2.44米。

3. 球

球圆周70～68厘米；质量410～450克；压力0.6～1.1个大气压（60.795～111.4584帕）。

4. 队员人数

一场比赛应有两队参加，每队上场队员不得多于11名，其中必须有1名守门员。如果任何一队少于7人则比赛不能开始。

5. 比赛时间

比赛分为两个半场，每半场45分钟；中场休息不得超过15分钟。

6. 越位

1）越位位置

队员处于越位位置本身并不是犯规。

（1）队员处于越位位置：队员较球和后面第二名对方队员更接近于对方球门线。

（2）队员不处于越位位置：他在本方半场内；他齐平于最后第二名对方队员；他齐平于最后两名对方队员。

2）犯规

处于越位位置的队员，在同队队员踢或触及球的一瞬间，裁判员认为其就下列情况而言"卷入"了现实比赛中时才被判为越位犯规：干扰比赛；干扰对方队员；利用越位位置获得利益。

3）没有犯规

如果队员直接从下列情况下接到球，则没有越位犯规：球门球、掷界外球或角球。

7. 直接任意球

裁判员认为，如果队员草率、鲁莽或使用过分的力量造成下列六种犯规中的任何一种，将判给对方踢直接任意球：踢或企图踢对方队员；绊摔或企图绊摔对方队员；跳向对方队员；冲撞对方队员；打或企图打对方队员；推对方队员。

如果队员有下列四种犯规行为中的任何一种，也判给对方踢直接任意球：为了得到对球的控制而抢截对方队员时，于触球前触及对方队员；拉扯对方队员；向对方队员吐唾沫；故意手球（不包括守门员在本方罚球区内）。在犯规发生地点踢直接任意球。

8. 罚球点球

在比赛进行中无论球在什么位置，如果队员在本方罚球区内有了第7条所述的十种犯规行为中的任何一种，应被判罚球点球。

9. 角球

如果直接任意球直接踢入对方球门，判为本方得分；如果直接任意球直接踢入本方球门，判给对方踢角球。

10. 间接任意球

只有当球进门前触及另一名队员时才可得分。如果间接任意球直接踢入对方球门，判为球门球；如果间接任意球直接踢入本方球门，判给对方踢角球。

11. 踢点球决胜

踢点球决胜是根据竞赛规程的要求，当比赛打平后需要决出胜队时而采用的一种方法。

思考题

1．如何提高足球基本技术中的运球技术能力？
2．足球基本技术中的传球技术有哪些？
3．在接控球练习中应注意哪些问题？
4．在足球比赛中防守战术的基本原则是什么？
5．足球比赛中如何判定越位？

第六章 篮 球

第一节 篮球运动简介

　　篮球运动是将球投入对方球篮、以得分多少决定胜负的集体球类运动项目。在世界范围内经常举行世界性、地区性比赛，国际交往比较频繁，发展非常迅速，已成为最受人们喜爱的竞技运动项目之一。

　　篮球运动是由跑、跳、投等动作所组成的一项快速、激烈的综合性运动。经常参加篮球运动，能促进学生速度、灵敏性、力量、耐力、柔韧性等身体素质的发展，提高中枢神经系统的灵活性，增强心血管、呼吸、消化系统的机能，促进肌肉和骨骼的生长发育，使身体得到全面发展。

　　篮球运动具有强烈的竞争性和对抗性，要在瞬息万变的情况下展开激烈的争夺。因此，能培养人们团结协作、互相配合的集体主义精神和勇敢顽强、机智果断的优良品质。

　　篮球运动在我国高等学校有广泛的群众基础，是大学生十分喜爱的体育运动项目之一。经常开展篮球活动，对增进学生的身心健康、活跃课余生活，以及提高学习效率起着良好的作用。

一、篮球运动起源

　　篮球运动是由美国发明的。1891年，詹姆斯·史密斯把两个装桃用的篮子分别挂在室内运动场两边墙上距地面4.26米的地方，把学生分为两队，教师把球抛向球场中央后开始抢球并把球投向对方的篮子里，谁投得多谁为胜者，从而一项新的运动——篮球就诞生了。随着比赛向快速发展，篮球比赛人数逐渐减少为15人，以后又减为9人、7人和现代的5人制，球篮的高度降到3.05米。

　　篮球运动先是在美国和史密斯的家乡加拿大很快地开展起来，并随着基督教的传教活动而在世界各地普及起来。随后在法国、印度、日本、伊朗及南美等国流行。1932年，正式成立了国际业余篮球联合会。1936年，男子篮球被列为第11届奥运会正式比赛项目。1976年，第21届奥运会把女子篮球列为正式比赛项目。

　　1896年左右，篮球运动传入我国，先在北京、天津、上海、广州等大城市的基督教青年会中开始，后来扩大到教会学校和普通学校。1910年，在南京举行的首届全国运动会上，篮球是表演项目。到1948年，中国曾派篮球队参加过十次远东运动会和两次奥运会。1951年，产生了我国第一批国家男篮、女篮球队，60年来篮球运动在我国迅速开展起来，不仅在城市，甚至在农村也很普及。我国的篮球有过辉煌，也有过低谷，目前称雄亚洲，姚明成为中国篮球运动发展水平的代表。

二、现代篮球运动的发展方向

　　篮球运动的发展趋势是公认的"三高一强"，即"高速度""高空间""高技术"和"强烈对抗"。这也是现代篮球运动的重要特征，"三高"的发展必然引起更强烈的对抗，比赛也更精彩纷呈，更具魅力，更具观赏性。

第二节　篮球运动的锻炼方法

一、基本技术

1. 脚步动作技术

在篮球比赛中，进攻者运用急起、急停、转身和变速变向跑等脚步动作，摆脱防守者的防守来完成进攻任务；而防守者则运用跑、停、滑步、后撤步和交叉步等脚步动作来阻止进攻者的攻击。这些争取攻守主动权的任务都需要由快速、灵活、正确的脚步动作来实现。因此，脚步移动是篮球运动中具有重要意义的一项基本技术。

2. 传、接球技术

传、接球是篮球比赛中运用最多的一项基本技术，是进攻配合的纽带，是战术变化的基础。良好的传、接球技术可以组织灵活、多变的战术配合，创造更多、更好的投篮机会。如果不能正确地运用传、接球基本技术，那么所采用的任何进攻方法都不会发生效果。有的时候，不同的队虽然采用了同一进攻方法，但效果往往不同。这是由于运用基本技术时存在质量差别，从而直接影响战术配合的质量。随着篮球运动技术、战术的迅速发展，防守的积极性和攻击性有了显著的加强，这就对传、接球技术提出了更高的要求。由于篮球技术的飞速发展，传球动作也日益增多，现介绍几种最基本的传球技术。

（1）双手胸前传球。双手胸前传球被认为是传球技术的基础，是篮球运动中运用最普遍的传球方式（一般在中、近距离运用这种传球）。双手胸前传球动作简单，容易控制，准确性较强，同时，也便于转为其他动作。

动作要领：原地传球时，两腿前后分开微屈，上体稍向前倾，重心放在两个脚掌上。双手握住球的两侧偏后，五指自然张开，手心不要接触球，两拇指呈八字形。两肘屈曲并靠近身体持球于胸前。传球时，用手指和手腕向前翻转和抖动的力量将球传出。传出球时，最后通过指端向后旋转使球平直地飞行。

（2）单手肩上传球。单手传球时，由于单臂的活动范围大，传球方向多，更便于争取时间发挥速度。单手肩上传球经常运用在快攻中的长传球、突破后的传球，以及抢到防守篮板球时发动长传快攻。

动作要领：原地右手肩上传球时，两脚前后开立，左脚在前，侧对传球方向，右手肩上托球于头侧，掌心空出，以转体、挥臂、甩腕及手指拨球的力量将球传出。

（3）行进间传球。行进间传球（单、双手传球）是两名队员的配合动作。比赛中为了加快进攻速度，缩短传球时间，经常运用行进间传球。

动作要领：大体与原地传球相同，但运用时应注意以下几点。

① 传球时，手臂与脚步配合要协调；接球后，应在中枢脚前跨着地之前将球传出（在第二步着地前传出），否则称为"带球跑"违例。因此，传球时手臂动作要快，特别是手腕的动作更要快。

② 要注意场上情况的变化，判断同伴的位置和移动的速度，及时而准确地传球。

③ 向跑动中的同伴传球时，一般要传到其胸前约一步的距离。近距离，特别是传给迎面跑来的同伴，传球的力量不要过大。

④ 长传球时要有速度，而且有一定的弧度。

（4）双手接球。每次投篮、运球和突破等大多开始于接球，接球是一项不可忽视的基本技术。在比赛中不仅要求把球接住，而且能够迅速顺利地进行下一个动作。接球动作的正确和富有攻击性，不仅能减少失误，而且有助于迅速为进攻做好准备。另外，掌握和提高接球技术，也是掌握抢篮板球和截断球技术的基础。

动作要领：双手接胸以上高度的来球时，用脚步灵活地调整好接球位置。手臂自然而放松地向前伸出迎球，肘关节微屈，身体稍向前，当手指触及球时，握住球的两侧，并迅速向后引臂，以缓冲来球的速度，把球接稳。如果来球较低，要及时上步，以屈膝来调整接球位置。

3. 投篮技术

投篮是篮球进攻的技术之一，它在篮球比赛中是最主要的环节。比赛中运用任何进攻战术和一切技术动作的目的，是创造更好、更多的投篮机会。而无论进攻战术配合得如何默契，动作如何熟练，创造了那么好的投篮机会；如果投篮不中，则是前功尽弃。为了得分，就必须掌握准确的投篮技术，提高投篮的命中率。

投篮动作的完成，要靠身体各部位的协调配合，最后通过手腕、手指的屈伸动作将球投出。因此，投篮动作必须做到连贯、协调和一致。投篮力量的运用和投篮手法，是投篮准确的关键，两者是互相联系、密切配合的。正确的投篮手法，能够更好地发挥手腕和手指的力量和灵活性，控制球在空中飞行的速度、抛物线和旋转程度，从而提高投篮的命中率。投篮动作多种多样，最基本的有如下几种动作技术。

（1）原地单手肩上投篮。单手肩上投篮，适用于中、远距离投篮，其特点是出球点高，变化多，较为灵活。

动作要领：以右手投篮为例。两脚开立，距离15厘米左右，两膝微屈，身体重心在两脚之间，上体稍前倾。右手翻腕托球于右眼前上方，手指自然张开，手心不要贴着球，球的重心要落在中指和食指之间；左手帮助扶在球的侧下部，右肘自然下垂，腕关节放松。随着两脚蹬地的同时，右臂向前上方伸展，手腕平稳地向前上方托起，手指拨球，将球柔和地送出。球出手后，手腕前翻，手指向下。

（2）行进间单手低手投篮。这种投篮方法利用速度和空中伸展动作超过对方，适用于突破对方上篮时使用。

动作要领：以右手投篮为例。在跑动中接球或运球突破上篮时，应先跨右脚接球或持球，接着第二步跨左脚起跳，步子稍小一些（已能掌握基本动作者，其左脚跨出的步子大小，可根据对方防守的情况和进攻的需要而选择），右腿屈膝上抬，身体上升至最高点时，右臂向上或前上方伸出，掌心向上，用手指和手腕的力量拨球投篮。

（3）跳投。跳投突然性强，出球点高，具有很强的攻击性。在中、近距离任何角度都可运用。它与突破、传球结合，能使对手防不胜防，从而创造投篮机会。跳投的动作可分成一步急停起跳投篮（急停原地起跳投篮）和两步急停起跳投篮。

① 一步急停起跳投篮。以右手投篮为例。接球或拿球时，向前或向上跳步双脚同时落地，一步急停，双膝微屈，重心在两脚之间；双手持球于腹前，双脚用力蹬地起跳，同时双手迅速举球于右肩上，腰、腹用力，保持身体平衡。当身体接近最高点处，迅速向上伸臂，用右手手腕和手指的力量将球投出。

② 两步急停起跳投篮。以右手投篮为例。左脚先着地接球，保持微屈，持球于腹前，右脚迅速向前跨出半步，成两脚自然半蹲开立姿势，重心在两脚之间。接着两脚用力蹬地起跳，两手迅速举球于右肩上，腰、腹用力，保持身体平衡。当身体接近最高点处时，迅速向上伸臂，用右手手腕和手指的力量将球投出。

4. 运球技术

在原地或行进中，用单手连续按拍从地面反弹起来的球，称为运球。它是组织进攻、突破防守时，经常运用的一项基本技术。使用时，应从实战出发，与传球、投篮等技术配合。切忌养成滥用运球的习惯。

运球的方式是多种多样的，它包括原地运球、行进间直线运球、运球急停急起、体前变向运球、运球转身和背后运球等。

5. 抢篮板球

在篮球比赛中，投篮并不一定是进攻的结束，随后是攻守双方拼抢篮板球、争夺控球权的开始。夺得进攻篮板球，就获得了再次进攻的机会，可以连续进攻或在篮下直接得分；夺得防守篮板球，不但中断了对方的进攻，而且为本队获得了控球权，为发动快攻反击提供了有利条件。可见，抢篮板球是关系到攻守转化的一项技术。

（1）抢进攻篮板球。进攻队员抢篮板球时，应根据在场上所处的位置，及时地判断球可能反弹的方向，利用快速起动，直接冲向篮下或借助于闪晃的假动作迅速绕过对手，抢占有利位置，积极主动地去争抢篮板球或补篮。

（2）抢防守篮板球。防守队员虽然处于进攻队员和球篮之间较近的有利位置，但在争夺篮板球时，应首先挡住对手，同时判断和密切注视球的反弹方向和进攻队员的动向。牢记"先挡后抢"的原则，防止对手乘隙冲向篮下争夺篮板球。

二、基础配合

1. 传切配合

传切配合是进攻队员之间运用传球、切入等技术组成的简单配合。

示例一（图6-1）：④传球给⑤后，立刻摆脱对手向篮下切入，接⑤传来的球投篮。

示例二（图6-2）：在⑤与⑥之间传球之时，④乘其对手不备，突然空切篮下接外围同伴的传球，然后投篮。

练习方法：

方法一（图6-3）：把队员分成两组，每组一球，④把球传给⑤并快速切入，接⑤的回传球投篮。⑤传球后抢篮板球。④和⑤分别跑到对方队尾，其他以此类推继续练习。

方法二（图6-4）：把队员分成三组，⑤和⑥互相传球，④突然摆脱防守接⑥的传球投篮，练完一次按顺时针方向转换，继续练习。

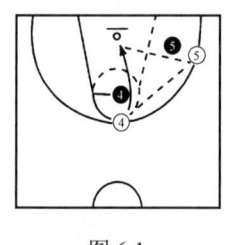

图6-1 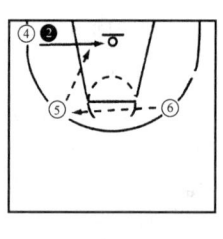　　　图6-2 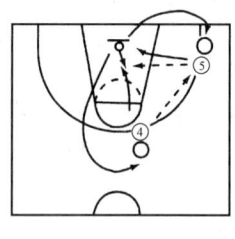　　　图6-3 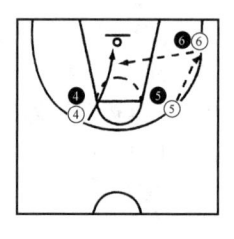　　　图6-4

2. 突分配合

突分配合是持球队员突破后，利用传球与同伴配合的方法。

示例（图6-5）：⑤突破后，遇到❼迎上补防，立刻把球传给切入篮下的⑦投篮或与其他同伴配合。

练习方法图（图6-6）：④向篮下运球突破，当❺上前补防时，立即把球传给切入篮下的⑤，⑤投篮后，三人按顺时针方向轮换位置，继续练习。

3. 掩护配合

掩护配合是掩护队员采用的行动，用身体阻挡同伴的防守者的移动路线，使同伴借以摆脱防守，或利用同伴的身体摆脱防守，从而接球进攻的一种配合方法。

示例（图6-7）：⑤传球给④后，跑到④的侧后方做掩护，④接球后利用投篮或突破的假动作吸引住❹，当⑤到达掩护位置时，④迅速摆脱防守，突破投篮，⑤掩护后要及时转身跟进。

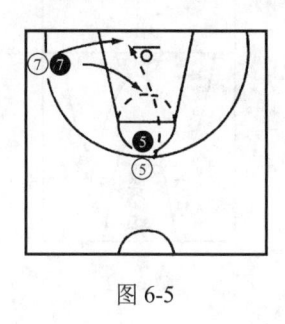

图6-5 　　　　　　　　　　　图6-6

练习方法：三人一组（图6-8），⑥传球给⑤后给④掩护，④利用掩护摆脱防守，切入篮下接⑤的传球投篮。切入前要做切入假动作，⑥掩护后转身跟进抢篮板球。按顺时针方向换位练习。

示例二（图6-9）：⑤传球给④后，利用假动作摆脱防守，跑到外策应位置接④的传球做策应，④传球后摆脱防守，然后接球投篮或突破上篮。

练习方法：学生分成两组，⑤传球给④后摆脱防守，插到罚球线外策应，④传球给⑤，然后摆脱，切入接⑤的传球投篮。⑤也可以做传球假动作，然后自己转身投篮或运球上篮。做完后，二人交换位置，其他人继续练习（图6-10）。

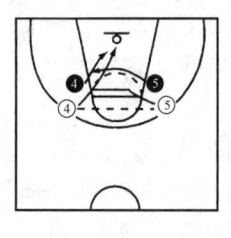

图6-7 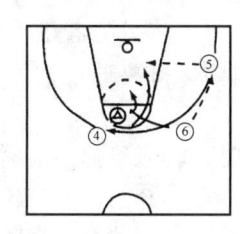　　　图6-8 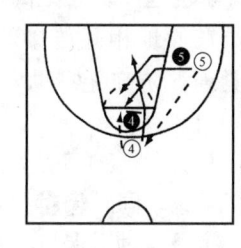　　　图6-9 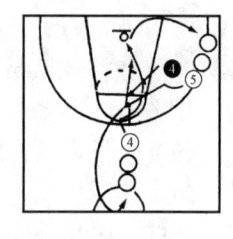　　　图6-10

三、快攻与防守快攻

快攻是由防守转入进攻时，以最快的速度、最短的时间把球推进到前场，在对方尚未部署好防守之前造成人数上、位置上的优势，果断而合理地进行攻击的一种进攻战术。

1. 快攻的方法

示例一（图6-11）：⑤抢到篮板球后，首先应观察全场情况，掌握发动快攻的时机，⑥和⑧及时快下，超越防守，⑤根据情况，长传球给⑥或⑧进行投篮，④⑤⑦应随后跟进。

示例二（图6-12）：④抢到篮板球后，将球传给机动接应的⑤，⑤又把球传给⑥从中路运球推进，⑦和⑧沿边线快下，争取以多打少，④和⑤应迅速插空跟进。

2. 防守快攻的方法

（1）拼抢前场篮板球，减少对方获球机会。

（2）破坏对方快攻的一传和接应。

（3）紧防快下队员，切断长传路线。

（4）降低对方推进的速度，以利及时组织防守。

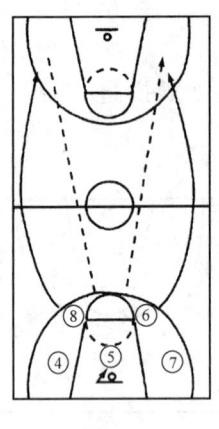

图 6-11 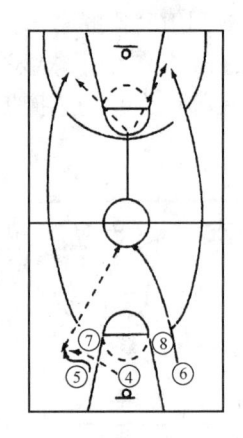　　　　　　　　　　　　　图 6-12

四、人盯人防守

人盯人防守战术是每名防守队员有针对性的、较固定的防守一名进攻队员，在防守住自己对手的前提下，进行相互协作的全队防守战术。

（1）半场人盯人防守战术方法。防守有球队员的位置应该站在对手与篮筐之间，以伸手能触到对方的球为宜。防守队员两脚斜前或平行站立，一手臂伸向对方的持球部位，另一手臂侧举，干扰对方的投篮，堵截对手的运球突破路线，并伺机打球、抢球，当进攻队员运球停止时，防守队员要立即上前紧贴对手挥动双臂封堵其传球路线。

防守无球队员应该在对手和球之间，选择有适当角度的位置，做到人、球兼顾，离球越近，防守距离越近，离球越远，防守距离越远（图 6-13）。

练习方法：进攻队员在原地相互传接球，防守队员随着进攻队员的传球，选择防守位置，防守持球队员要紧逼，防守无球队员则要保持离球近则近、离球远则远的防守位置（图 6-14）。

（2）全场紧逼人盯人方法。当④掷界外球时，❹应迅速上前紧逼防守④，积极挥动双臂，封堵传球角度，争取断球，同时❺❻要选择在⑤⑥的侧前方位置，积极堵截其向球移动的路线，阻止其接球，❼❽与对手保持一定的距离和角度，在防守住自己对手的同时，随时准备补防和断球，争取造成对方传球失误或掷界外球 5 秒违例（图 6-15）。

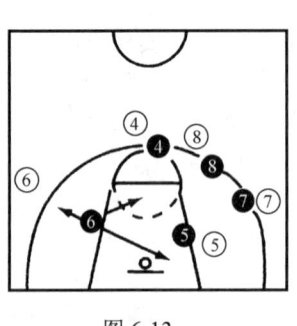

图 6-13 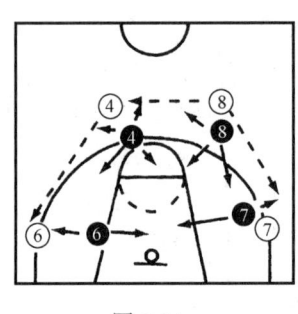　　　　　　　　图 6-14 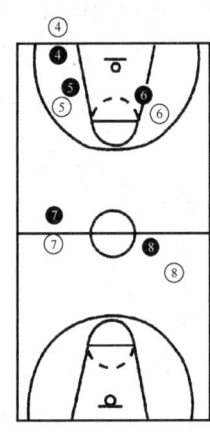　　　　　　　　图 6-15

五、对付全场紧逼人盯人防守的进攻

对付全场紧逼人盯人防守的进攻方法：

（1）进攻队形。进攻队员的落位队形是进攻的准备阶段，它与采用的进攻战术方法紧密相关。进攻队形一般有两种：一种是由防守转入进攻时，五名队员集中在后场，拉空前场，在后场组织固定进攻配合；另一种是五名队员分散在全场，利用防守的薄弱环节进攻，各个击破。

（2）进攻战术方法。一种是后场进攻方法，关键是掷界外球和接应掷界外球的进攻配合。当对方采用一对一紧逼防守时（图6-16），④掷界外球，⑦⑧分别给⑥⑤做掩护，⑤⑥利用掩护摆脱防守，接④的传球进行快速反击。另一种是中场进攻方法，④传球给接应的⑥⑧立即摆脱防守，插中接⑥的球，与此同时，⑦在前场摆脱防守，准备插中接⑧的球，通过插中策应配合把球推进到前场（图6-17）。

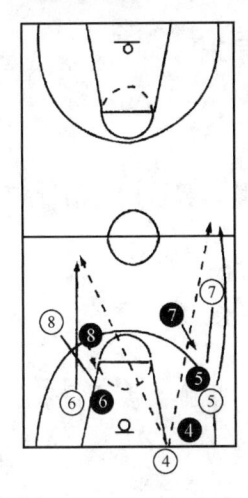

图 6-16

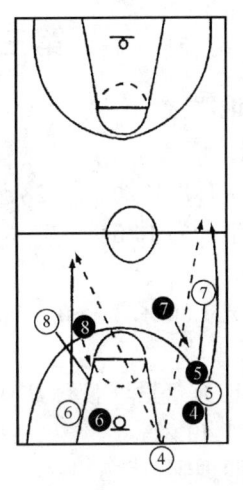

图 6-17

六、区域联防

1. 区域联防形式

区域联防形式有"2-1-2""2-3""3-2""1-3-1"等。

2. 区域联防的方法

以"2-3"为例说明。"2-3"区域联防的优点在于加强了篮下和底线防守，有利于抢篮板球。

示例（图6-18）：当⑥接④传球时，❻上前防守⑥，⑦向限制区移动，防止④空切，❽抢位在⑧的前面，切断⑥与⑧的传球路线，❺站在⑧的侧后方，防止⑥传高吊球给⑧。❹站在⑤的内侧，防止⑤向限制区空切。

练习方法：五人一组，三攻二防，⑤④⑥在外围相互传球接球，❺❹积极移动补位练习（图6-19）。

七、进攻区域联防

1. 进攻区域联防的形式

进攻区域联防常用的形式有"1-3-1""1-2-2""2-2-1""2-3"等。

2. 进攻区域联防的方法

以"1-3-1"为例说明。④⑤⑥⑦相互传球，调动对方，使❻❹不能及时防守，④⑥⑦可抓住时机果断进行中距离投篮（图6-20）。

练习方法：五人一组，三攻二守，④⑥⑦利用相互传球调动防守，利用❹或❻的位置量差，果断投篮（图6-21）。

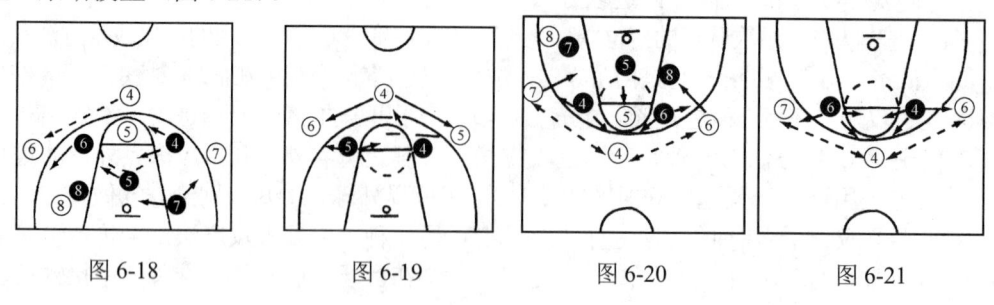

图6-18　　　　　图6-19　　　　　图6-20　　　　　图6-21

第三节　篮球竞赛规则简介

一、场地器材

1. 场地

国际比赛标准场地：长28米、宽15米。场地的丈量均从界线的内沿量起，线宽为5厘米，中圈半径为1.80米。

2. 篮板

篮板横宽1.80米，竖高1.05米，篮板下沿距地面2.90米。

3. 比赛用球

比赛用球充气后，使球从1.80米的高度落到地面上，反弹高度不得低于1.20米，也不得高于1.40米。

二、一般规则

1. 出场人数

每队出场5人，不足5人不能比赛，如规定的时间开始后15分钟仍不足5人或球队不到场，则判该队弃权，罚则是判给对方以20∶0获胜，弃权队在名次排列中为0分。比赛中如果球队在场上的队员只剩1人时则判该队告负；如该队比分落后，则在比赛停止时的比分有效，另一队获胜；如该队比分领先，则判另一队以2∶0获胜，在名次排列中该队得1分。

2. 比赛时间

比赛分为四节，每节10分钟。每节之间和每个决胜期之前休息2分钟。两个半时之间休息15分钟。如第四节结束时比分相等，则打若干个决胜期直至决出胜负。

3. 要登记的暂停

第一、二、三节，每节准予一次暂停；第四节准予两次暂停；每一决胜期准予一次暂停。

4. 换人

每当死球且停表时，球队即可换人。如果是甲队发生违例则甲队不能换人，而如果此时乙队先换人，也可以给予甲队换人。换人的次数没有限制。

5. 队员5次犯规

一名队员5次犯规即取消比赛资格。

6. 全队4次犯规

在每一节中如果某队共登记队员4次犯规，那么以后的每次原不该罚球的犯规均被判给二次罚球。而如果该队处于控制球时则不罚球，只是失去球权。

7. 对做投篮动作的队员犯规

投中2分或3分有效再加罚一次，如不中则视其投篮地点给予2次或3次罚球。

三、常见的违例

违例是指队员违犯了比赛中关于时间或技术等方面的规则之行为。

1. 3秒

场上控制活球的队的队员在对方限制区内停留超过3秒（划定限制区的5厘米宽的线是限制区的一部分）。

2. 5秒

（1）罚球时，每次罚球均不得超过5秒。

（2）掷界外球时，不得超过5秒。

（3）在场上，从持球队员被对方严密防守并停步时开始计算，须在5秒内使球出手，否则为违例。

3. 8秒

每当一名队员在他们的后场控制活球时，他所在的队必须在8秒内使球进入他们的前场，否则为违例。

4. 24秒

每当一名队员在场上控制活球，他所在的队需在24秒内投篮，否则为违例。

5. 球回后场

当某队在前场控制球时，不能使球回后场，否则为违例。只要该队使球触及后场的地面及有部分身体触及后场的队员或裁判员即算该队回后场违例。

6. 带球走

篮球技术的特殊点之一是队员一旦持球，就必须确立中枢脚。中枢脚离地后再次落地前，球必须离开队员的手，否则为"带球走"。

7. 两次运球

队员在一次运球结束后不得再次运球。

8. 罚球时的违例

罚球时，罚球队员除了需遵守5秒规则外，还要遵守以下规则：脚不得触及限制区（罚球线是限制区的一部分），投出的球必须触及篮圈，以及不得做假动作。罚球时可共有包括罚球队员在内的双方各三名队员在位置区站位。其余五人的站位方法是：如甲队罚球，则乙队的两名队员站在两侧靠篮下的两个位置，然后是甲队两名队员，乙队的第三个队员可站在任一侧。非罚球队员的违例包括：罚球队员的球还没离手就进入限制区、干扰罚球队员投篮等。罚则：若罚球队员违例则该次罚球投中不算；如是仅有的一次或最后的一次罚球违例后，由对方在罚球线延长线的边线外掷界外球。若非罚球队员违例，如甲队罚球，仅有一次或最后一次罚球投中与否分别按如下方法处理：球投中得分有效，双方的违例均不究；若不中，如乙队违例此球重罚，如甲队违例，由乙队在罚球线延长线的边线外掷界外球，如果双方同时违例则在该罚球圈跳球重新比赛。

以上是比赛中常见的违例，罚则都是失去球权，由对方在就近的界线外掷界外球。

四、常见的犯规

犯规包括有身体接触的侵人犯规和没有身体接触的技术犯规，具体犯规情况包括以下几种。

1. 侵人犯规

比赛中常见的侵人犯规有"拉人""推人""撞人""阻挡""背后非法防守""非法用手""非法掩护"等。罚则是：上述犯规中凡是对做投篮动作的队员犯规均判罚球；如对没做投篮动作的队员犯规，则由非犯规队在就近的地点掷界外球；如果在那一节中该队已达四次犯规并且是非控制球的队，则判给二次罚球。

2. 违反体育道德的犯规

当裁判员判断某队员不是在规则的精神和意图范围内合法地抢球而发生的侵人犯规，则判为"违反体育道德的犯规"。罚则视其犯规对象是否在投篮和投中与否分别按如下方法处理：如其没做投篮动作，判给2次罚球和1次中场掷界外球权；如正做投篮动作且投中，判2或3分有效再加罚一次；如未中，视其投篮地点判给2次或3次罚球。上述罚球无论投中与否都获得一次中场掷界外球权；此界外球可传入前场或后场。罚球时非罚球队员也不必站位。

3. 取消比赛资格的犯规

这是一种恶劣的违反体育道德的犯规。无论是队员、替补队员，还是教练员、随队人员，裁判员均有权判罚。罚则：除取消该犯规人员的比赛资格，令其离开比赛场地外，其他与"违反体育道德的犯规"相同。

4. 双方犯规

双方犯规是两个队的两名队员同时的相互间的犯规。罚则是不判给罚球，按如下方法处理：如犯规同时一方投篮有效并命中，则得分有效，由另一方在端线掷界外球；如是某队已控制球或拥有球权，则判该队在就近处掷界外球；如双方都没控制球和不拥有球权，则在就近的圆圈跳球开始比赛。

5. 队员技术犯规

当一名队员不顾裁判员的警告或与裁判员、记录台人员、技术代表、对方队员交涉时没有礼貌；使用冒犯或煽动观众的言行；戏弄对方；阻碍掷界外球的迅速进行等，将被判技术犯规。罚则：1次罚球和中场处掷界外球。

思考题

1. 简述队员在场上的准备姿势。
2. 简述跨步急停的动作方法。
3. 简述原地低运球的动作方法。
4. 简述双手胸前传球的动作方法。
5. 简述单手肩上投篮的动作方法。
6. 简述交叉步突破的动作方法。
7. 简述防守有球队员的基本要求。
8. 简述战术基础配合的概念。进攻基础配合及防守基础配合各包括哪些配合？
9. 简述半场人盯人防守的基本要求。
10. 简述区域联防防守的基本要求。

第七章 排　　球

第一节　排球运动简介

　　1895 年，排球运动诞生于美国，由麻省好利诺城青年会干事威廉·莫根（William Mor-gan）发明。排球比赛是两队以中间球网为界，用手通过发球、垫球、传球、扣球、拦网等动作来组织进攻与防守的球类运动。

　　1905 年，排球传入中国。20 世纪 60 年代，排球技术、战术有了较快发展，进入 80 年代，中国女排在世界大赛中写下了"五连冠"的辉煌成绩。

　　排球比赛场地呈长方形，长 18 米、宽 9 米，由中线将球场分为两个相等的场区，中线上方设置长 9.50 米、宽 1 米的球网（男网高 2.43 米，女网高 2.24 米）。

　　排球运动是人们比较熟悉和喜欢的运动项目，它对场地设备要求不高，参加者不受年龄、性别的限制，可根据自己的体力来掌握运动量。经常参加排球运动锻炼，能促进身体的全面发展，增进内脏器官的功能；能提高弹跳、灵敏、耐力、速度、力量等身体素质及反应能力。此外，它还可以培养人们团结战斗的集体主义精神、精确快速的判断能力，以及勇猛顽强、坚毅果断、机智灵活等意志和品质。

　　排球运动趣味性强，场地设备简单，主要规则容易掌握，运动量可大可小，不同年龄、性别，不同技术水平的人均可参加，很受人们的喜爱。目前在我国和世界其他国家，相继出现了沙滩排球、软式排球等，丰富了排球运动的内容。

　　经常参加排球运动能改善身体各器官和系统的机能状况，增强体质，增进健康。还能培养积极主动、果断沉着、勇敢顽强的意志品质，使人的身心得到和谐发展。

第二节　排球运动的锻炼方法

一、发球

　　发球是比赛的开始，也是进攻的手段。

　　发球技术是排球比赛规则中唯一不需要同伴配合、不受对方干扰的自我完成的动作。

　　发球技术从站位方式来区分有正面发球、侧面发球；从球的性能来区分有飘球、旋转球；从击球挥臂动作来区分有上手发球、下手发球。但其常用的主要发球技术有上手飘球、勾手飘球、上手大力发球和跳发球。

　　1. 发球技术要领

　　不论采用哪种技术发球，其技术动作过程都是相同的：站位和持球准备—抛球和击球前的摆臂—全身发力和挥臂轨迹—击球手形、击球点、击球部位—击球后的动作。这些动作是在瞬间连贯完成的，需要注意以下几点。

　　（1）抛球要稳。将球平稳地向上抛起，每次抛球高度应基本固定。

　　（2）击球要准。要以正确的手形击中球体的相应部位，使作用力方向和所要发球的飞行方向相一致。

（3）手法要正确。击球手法不同，发球性能就不一样。

发球技术动作必须做到：站位距离固定，抛球动作固定，挥臂轨迹固定，击球手形固定，击球部位固定。

总之，要想发好球，必须注意"五固定"的要求，并考虑力量、速度、飘度、落点、变化等因素，同时将之与准确性、灵活性、多样性和独特性结合起来。

2. 排球发球技术常犯错误与纠正方法

排球发球技术常犯错误与纠正方法，见表7-1。

表7-1 排球发球技术常犯错误与纠正方法

常 犯 错 误	纠 正 方 法
抛球不稳，高低不当	练习平衡向上抛球
挥臂太慢	练习徒手快速挥臂
抛击配合不协调	听口令节奏练习抛击配合
击球用不上全身力量	做掷球动作，体会全身用力

3. 发球的练习方法

（1）对墙发球。规定一点，用一定力量和速度练习发球。

（2）二发二接对抗。

（3）规定性能发球，发10次要求有5次以上达到标准。

（4）划区域发球。

（5）增加分数的发球，发球直接得分增加1分。

二、垫球

垫球技术动作按动作方法可分为正面双手垫球、跨步垫球、体侧垫球、低姿垫球、背垫、单手垫球、前扑垫球、侧卧垫球、滚翻垫球、鱼跃垫球及挡球等。垫球技术按运用分类可分为垫接发球、垫接扣球、垫接拦回球和垫接其他球等。

1. 正面双手垫球

移动对正来球后，双手在腹前垫击称为正面双手垫球。正面双手垫球是最常用最基本的垫球方法，是垫球技术的基础，适合于垫接各种发球、扣球和拦回球。比赛中有些困难球不能用上手做二传时，也可利用正面双手垫球组织进攻。

（1）准备姿势：双脚开立，稍比肩宽。两脚提踵，双膝屈曲，上体自然前倾，全身放松，随时准备移动。

（2）垫球手形：两手掌根紧靠，两手手指重叠合掌互握，两拇指平行，手腕稍下压，两臂外翻形成一个平面。

（3）击球部位：看准来球，两臂夹紧前伸，插到球下，用前臂腕关节上方约1厘米的地方两臂桡骨内侧形成的一个近似的平面击球下部。

（4）击球动作：向前上方蹬地抬臂，迎击来球，使插、夹、抬、蹬连贯完成，灵活控制球的方向和力量。

（5）手臂角度：垫球手臂与地面所成的夹角，对控制球的方向、弧度、落点影响很大。另外，垫球用力的大小与来球的力量成反比，与垫击的目标距离成正比。

垫球时手臂角度要领口诀：两臂夹紧插球下，抬臂送腕下压；蹬腿跟腰前臂垫，轻球重球要变化。

2. 排球垫球技术常犯错误与纠正方法

排球垫球技术常犯错误与纠正方法，见表7-2。

表 7-2 排球垫球常犯错误与纠正方法

常 犯 错 误	纠 正 方 法
两臂与身体夹角太小	做向上自垫练习，手臂抬至与地面平行
不能协调用力、两臂撩球	对墙用身体蹬地伴送力量垫球
垫击部位不准确	多做移动后插入球下练习，体会前臂垫击部位
两臂垫击角度不佳	练习根据不同来球，采用不同垫击角度

3. 垫球的训练方法

（1）三人一组，站成纵队，分别在 1、5、6 号位区域，轮流垫对方发球。

（2）采用一对一、二对二、三对三垫球。

（3）完成指标的对抗练习。

三、传球

传球是排球比赛中的防守和反攻的衔接技术，它的好坏直接影响战术配合的质量，关系到扣球效果。传球技术动作分为正传、背传、侧传和跳传 4 种。4 种传球主要用于二传，也可用于其他传球。

1. 双手正面传球要领

双手正面传球是传球中最基本的传球方法，它接触球的面积大，手和全身动作容易协调配合，传球的准确性和稳定性也高，是其他各种传球方法的基础。传球技术动作是个完整的连续过程，可以从 5 个方面加以分析。

（1）准备姿势：两脚左右开立，略比肩宽，一脚在前，两脚尖适当内收，脚跟稍提起，膝关节稍屈曲，上体伸直，重心靠前，身体要稳定，抬头看球，双手自然抬起，放松，置于脸前。

（2）迎球：当球下降近额前时，蹬地伸膝，伸臂，两手向前上方迎击来球。

（3）击球：击球点在额前上方约一个球的距离处，这样便于看清传球的目标，有利于对准球和控制传球的方向。

（4）手形：当手触球时，两手自然张开成半球形，手指与球吻合，手腕稍后仰，以拇指、食指、中指托住球的后下部，手指、手腕保持适当的紧张，以承接球的压力。

（5）用力：传球的动作要全身协调用力。其要领是，额前迎击球，触球手张开，蹬地伸臂送，指腕缓冲弹出。

2. 排球传球技术常犯错误与纠正方法

排球传球技术常犯错误与纠正方法见表 7-3。

表 7-3 排球传球技术常犯错误与纠正方法

常 犯 错 误	纠 正 方 法
找位不及时，对不准来球	多练习移动，保持在脸前接球
手形不正确	用传球手形接球，体会手形
	用一定距离对墙轻传球，体会手指触球
	用篮球传球，强迫将手张开
用力不协调	一抛一传，传球后重心移向前脚
	用蹬地伸臂向前自抛自传远距离球

3. 传球练习方法

（1）对篮板或墙固定位置传球。

（2）自传高度 2～3 米的球。

（3）自传高低结合的球（高3米以上，低刚刚离手）。
（4）沿排球场线边移动边传球。
（5）两人对传，传球弧度一高一平。
（6）两人对传，自传一次，然后再传给对方。

四、扣球

扣球是排球重要的技术之一。由于扣球能充分利用全身力量和快速挥臂，使扣出的球又快又猛，给对方接球造成困难，所以扣球是排球比赛中得分、得权最积极、最有效的进攻手段之一。

1. 正面扣球技术要领

正面扣球由于面对球网，便于观察，能根据对方拦防情况，随时改变扣球路线和力量。同时挥臂动作灵活协调，准确性高，又便于控制球的落点，因此，是最基本和最有效的进攻方法，也是各种扣球技术的基础。

（1）准备姿势：一般站在距离球网3米左右处，两臂自然下垂，稍蹲，脚步不要站死，眼睛观察来球，做好助跑起动的准备。

（2）助跑：助跑最后一步脚的落地就是起跳开始，常用的起跳方法有两种，一是并步法，二是跳步法。不论用哪种方法起跳，当踏跳脚着地瞬间，手臂摆至身体侧后方并开始向前摆动，当两腿弯曲至最深时，手臂摆至体侧，而后手臂随蹬直两腿画弧上摆，两脚迅速离地，双膝猛伸，向上跳起。

（3）空中击球：起跳后，挺胸展腹，上体稍后右转，右臂向上方抬起，身体成反弓形。挥臂时，以迅速转体、收腹动作发力，依次带动肩、肘、腕各关节成鞭甩动作向前上方弧形挥动，在右肩前上方最高点击球。

（4）落地：空中完成击球动作后，身体自然下落，用双脚的前脚掌先着地，以缓冲冲击力，落下时保持平衡，以利于及时完成下一个动作。

2. 排球扣球技术常犯错误与纠正方法

排球扣球技术常犯错误与纠正方法见表7-4。

表7-4　排球扣球技术常犯错误与纠正方法

常　犯　错　误	纠　正　方　法
助跑起跳前冲	场地上画起跳点和落地点
起跳点选择不好	助跑起跳掷小皮球或其他球，体会制动与起跳
助跑起动时机不当	以口令、信号限制起动时间
	固定传球高度，减少判断的难度
击球点保持不好	改进助跑起跳，把握起跳时机和起跳点
	扣固定球，体会起跳后击球点的正确位置
挥臂没有鞭甩的动作	矮网练习挥臂扣击，体会正确挥臂动作
	挥臂抽打树叶，体会向上伸臂动作

3. 扣球的练习方法

（1）助跑起跳练习：助跑起跳挥臂击打树叶。

（2）挥臂和甩腕动作练习：徒手挥臂甩臂练习或挥臂甩臂触一定高度树叶；设置合适高度的固定球，挥臂抽击；对墙连续扣球练习。

五、拦网

拦网是防护的第一道防线和得分的重要手段。拦网不仅可以拦死、拦回、拦起对方的扣球，还能削弱对方进攻锐气，动摇扣球信心。

1. 拦网动作方法分析

拦网动作包括准备姿势、移动、起跳、空中击球和落地5个互相衔接的部分。

（1）准备姿势：面对球网，密切注视对方动向，两脚平行开立，两膝稍屈，两手自然屈曲置于胸前。

（2）移动：根据不同情况可灵活运用并步、跨步、滑步、交叉步、跑步等各种移动步法，将身体重心移动到拦网位置，准备起跳。

（3）起跳：移动后立即制动，使身体正对球网后起跳，或在起跳过程中在空中使身体转向球网。

（4）空中击球：起跳后稍收腹，控制平衡。同时，两手从额前贴近并与网平行向网的上沿的前上方伸出，两臂伸直，尽量上提。拦击时，两手伸向对方上空，自然张开，屈指屈腕呈勺形。

（5）落地：拦网后自然落回地面，落地时屈膝缓冲，落地后准备做下一个动作。

2. 排球拦网技术常犯错误与纠正方法

排球拦网技术常犯错误与纠正方法见表7-5。

表7-5　排球拦网技术常犯错误与纠正方法

常犯错误	纠正方法
起跳时机不当	按信号刺激进行起跳练习
起跳后身体碰网	多练习起跳后的收腹、含胸动作
拦网时双手扑网	徒手练习提肩直臂屈腕拦击动作
手离拦网太远	多做原地、移动跳起后，双手伸过网的练习

3. 拦网的练习方法

（1）摸树梢或篮板练习。

（2）主动与被动移动起跳练习。

（3）两人一组隔网站立，同时向另一侧移动起跳，在空中双手击掌。

（4）两人一组，一人抛球，另一人跳起拦网。

（5）一对一扣球拦网。

六、排球比赛规则

1. 发球规则

必须在发球区内将球抛起后，用一只手臂将球击出，运动员不得踏出发球区，在8秒内将球发出，发出的球也必须由标志杆组成的网上过网区进入对方。

2. 4次击球犯规

一个队连续触球4次（拦网除外）为4次击球犯规。

3. 持球和连击犯规

没有将球击出，使球产生停滞，为持球犯规。同一人连续击球为连击犯规，但拦网时的连续触球及全队第一次击球时，同一动作击球产生的球连续触及身体部位除外。

4. 过网击球犯规

在对方空间触击球为过网击球犯规，但拦网在对方进攻性击球后触球除外。

5. 过中线犯规

比赛进行中队员整只脚和手掌、身体的其他任何部位越过中线接触对方场区，为过中线犯规。

6. 触网犯规

比赛进行中，队员触及 9 米以内的球网和标志杆，标志带为触网犯规。但队员未试图进行击球而轻微触网和被动触网除外。

7. 拦网犯规

（1）从标志杆外进行拦网并触球。

（2）当对方队员击球前或击球时，在对方场区空间内触球或妨碍对方击球。

（3）后排队员参加拦网并起到拦网作用，包括球触及前排队员。

8. 进攻性击球犯规

（1）后排进攻犯规：后排队员在 3 米限制区内或踏及进攻线及其延长线，将整体高于球网的球击入对方。

（2）过网击球犯规：在对方场区空间内击球。

（3）击发球犯规：在 3 米限制区对发来的、整体高于球网的球进攻性击球（如扣发球等）为犯规。

（4）自由人进攻性击球犯规：在 3 米限制区内用上手传球方式进行二传球，进攻队员将此高于球网的二传球击入对方，或自由人在 3 米线后的场区内将高于球网的球击入对方，均为自由人进攻性击球犯规。

第三节　沙滩排球简介

沙滩排球是从排球派生出来的一项球类运动，于 20 世纪 40 年代起源于美国。1987 年，在巴西举行首届世界沙滩排球锦标赛。1996 年，沙滩排球被列为奥运会比赛项目。

沙滩排球的比赛场地长 18 米、宽 9 米，由至少 40 厘米厚的细颗粒沙铺成。球网长 9.50 米、宽 1 米，男子网高 2.43 米，女子网高 2.24 米。球可用浅黄色或其他颜色，质量为 260~280 克。比赛由 2 队参加，每队 2 名运动员，必须赤足参赛。每队可击球 3 次，将球击回对方场区，一名运动员不得连续击球 2 次。只有发球方可得分（决胜局除外），接发球方胜一球时，获发球权（决胜局则得分）。运动员必须轮流发球。每场比赛可采用一局制，胜一局即胜一场；也可采用 3 局 2 胜制，胜 2 局为胜一场。一局制比赛以先得 21 分并同时超过对方 2 分方为胜，当比分为 20∶20 时，要继续比赛至领先 2 分，没有最高分限。采用 3 局 2 胜制时，前 2 局以先得 21 分同时至少超过对方 2 分方为胜，当比分为 20∶20 时，比赛继续进行，直至一方领先 2 分时才判获胜，没有最高分限。如出现 1∶1 的局分，则进行第 3 局比赛。第 3 局以先得 15 分并同时超过对方 2 分方为胜，没有最高分限。

第八章 乒 乓 球

第一节 乒乓球运动简介

乒乓球是由两名或两对选手用球拍在中间隔一网的球台两端轮流击球的一项室内运动，主要有直拍和横拍两大类打法。

乒乓球比赛的基本方法有淘汰赛和循环赛两种。比赛每场采用3局2胜、5局3胜或7局4胜制。每局比赛先得11分者为胜，如果10平后，则先多得2分者为胜。乒乓球比赛分男、女团体，男、女双打，男、女单打和混合双打7个项目。从1988年开始，乒乓球首次进入奥运会，成为正式比赛项目；但比赛目前只设男女单打、男女双打4个项目。第1届世界乒乓球锦标赛（简称世兵赛）于1926年在伦敦举行，自第26届世乒赛开始改为每两年举行一届。

乒乓球运动的特点是球小、速度快、变化多、设备简易。另外，它不受年龄、性别、身体条件的限制，具有较强的娱乐性、竞争性，经常参加比赛还有利于促进人际间的交流、合作、友谊，可以有效地调节紧张的情绪，缓解工作、学习所带来的精神压力，它是广大群众尤其是青少年所喜爱的体育运动项目。经常参加乒乓球运动可以发展人的灵敏性和协调性，提高动作速度和上下肢的活动能力、改善心血管系统能力、增强体质，还有助于培养勇敢顽强、机智果断、沉着冷静、敢于拼搏等优良品质。因而，在普通高校开展乒乓球运动是非常有必要的，但由于学生技术水平不高，体能锻炼的强度不够，还需要与心肺功能及力量素质的练习相结合，以促进学生健康和身体素质的全面发展。

第二节 乒乓球运动的锻炼方法

一、基本姿势与步法

1. **基本姿势**

两脚左右开立，比肩稍宽，提踵，前脚掌内侧用力着地，两膝微屈并稍内扣，上体略前倾，重心置于两脚之间。两眼注视来球，持拍手臂自然弯曲，持拍于腹前，离身20～30厘米。

2. **基本步法**

一般可以分为单步移动（上步、撤步、跨步）、两步移动（换步、交叉步、跳步）、多步移动（对角度大、速度快的来球，离站位较远的来球，用单步和两步移动仍不能到位时采用多步法）。步法的移动和站位、基本姿势和运动员的专项身体素质有密切的关系。所以在步法训练和教学时，必须同步于其他方面的训练。

二、发球与接发球

发球与接发球是乒乓球运动的基本技术之一，发球主要是由抛球和挥拍击球两个动作组成。抛球是前提，击球部位和挥拍方向是决定发球性质的关键，而用力大小和第一落点的远近是发球变化的条件。发球按方位可以划分为正手发球、反手发球、侧身发球；按发球性质划分为低抛发球、高抛发球、下蹲发球。

1. 平击发球

平击发球是初学者最基本的发球方法。以右手为例：左脚在前，身体稍向右旋。左手把球抛起，持拍手向后引拍，在球略低于网高时，右手从身体后方前摆，拍形稍前倾，击球中上部，击球后随势向前挥拍。球的第一落点应在本方球台中区。这种发球不旋转，球速也不太快，一般用推挡球来接。

2. 正、反手发急球

以正手为例：当球抛起后，持拍手向后引拍，并使球拍顺势下降，后段把球拍在体侧做一次小绕环动作。当球降至与网同高（或略低于网）时，手臂迅速向左前方挥摆，拍面前倾，击球中上部，第一落点靠近本台端线（约距端线 20 厘米）。在击球瞬间可变换拍面的朝向，发出直线球和斜线球。接这种球采用推挡、攻球、削球均可。

3. 发下旋球与不旋球

发下旋球的动作要点：持拍手向后上方引拍，拍面后仰，当球降至略低于网高时，前臂向下方挥摆，用球拍向下摩擦球的后下部。当球拍触球时，如能用手腕辅助发力，能增大球的旋转。

发不旋球和旋球动作大体一致，只是击球时，用球拍上端击球中部，发过去的球基本不转，对方仍用搓球回击，往往回球过高，给自己创造扣杀机会。用搓球、提拉球来接下旋球。发旋球与不旋球的区别在于拍触球的瞬间拍形角度的变化。

4. 发侧上（下）旋球

站位左半台，当球抛起时，持拍手迅速向后上方引拍，身体随后引而右转。发左侧下旋球时，手臂自右后上方向左前下方挥摆，球拍从球的右侧中下部向左侧下部摩擦球。发左侧上旋球时，手臂自右上方向左下方挥摆，球拍从球的右侧中下部向左侧面摩擦球。在比赛中这两种旋转变化要结合运用，两者动作尽可能相似，给对方接球造成困难。如发球人用正手左侧上旋球，接球时拍面朝向发球人的右半台，接侧下旋时可用搓、拉来回击。

5. 高抛发球

高抛发球回落时间较长，节奏较慢，可以迷惑对方。另外高抛球下降速度较快，这样就增大了球对拍的压力，从而加快了出手的速度和发球的突然性。用高抛发出的球同一般的发球类似，有下旋球、侧上（下）旋等。抛球时，持球手的肘部要贴近身体左侧，主要靠前臂向上用力抛球，抛球要稳，尽量使球接近垂直向上抛起，并在身体右侧前方降落。约在离身体右腰前 15 厘米左右处击球，另外要掌握好持拍手向后引拍的动作，以便更好地控制球。发球后要迅速还原站位，以便打第二板球。接高抛发球同接各种旋球一样，重要的一点是，高度注意发球人拍触球一刹那的变化，正确判断来球性质，选择相应的接球方法进行回击。

三、推挡球

1. 快推

快推回球速度快，有斜线、直线变化。在对攻和相持中运用对推两大角或突袭对方空当，能争取时间，使对方左顾右盼应接不暇，造成其直接失误或使其露出破绽，为自己抢攻创造条件。

击球前上臂、前臂适当后撤引拍（动作要小）。在球的上升期，手臂迅速前迎。触球一刹那前臂稍外旋配合手腕外展动作，使拍面触球的中上部，手臂主要向前稍微向上辅助用力。

2. 加力推挡

回球力量重，球速快，有落点变化。比赛中运用加力推挡，常可迫使对方离台后退，陷于被动防守的局面。加力推挡适用于对付速度较慢、旋转较弱的上旋球或力量较轻的攻球及推挡。

击球前，前臂必须提起，上臂后收，肘部贴近身体。在上升后期或高点期击球。击球时适当运用伸髋和转腰动作加大手腕发力，并用中指顶住拍背向前用力。

3. 减力挡

回球弧线低，落点短，力量轻。在对攻相持中，当用加力推挡迫使对手离台或遇对方回球力量不大、旋转较弱时，可以使用减力挡来调动对方，使其前后奔跑，然后伺机用正手或侧身抢攻，赢得主动。加力推和减力挡的结合运用，是对付中台两面拉弧圈球打法的有效战术。

击球前不用撤臂引拍，可稍屈前臂使球拍略为提高，拍面稍前倾。当球弹起时，手臂向前移动，同时身体重心略升高。在上升期触球，整个动作用力很小。在球拍触球的刹那间，手臂和手腕稍向后收。

4. 正手推挡

遇到对方击过来的有方位速度快的上旋球或离网较近的加转弧圈球时，如果击球时位置不合适，就可运用正手推挡来回击。

击球前身体迎前，前臂起，重心稍升高。在球的上升期击球，手臂内旋，拇指稍用力，球拍盖住球的右侧中上部。触球时，手腕和手臂发力极小，拍面角度固定，前倾约20°。

四、攻球

1. 正手快攻

正手快攻具有站位近台、速度快、有一定力量、进攻性强的特点。在对攻中，如果快攻技术用得好，不仅为扣杀创造机会，而且有时还能直接得分。对攻要力求速度快并能与落点变化相结合，才能发挥速度的优势，取得更多的主动权。

动作要点：

（1）站位近台，前臂与地面略平行，以前臂发力为主，拍面略前倾，触球上部以向前上方发力为主将球击出。

（2）前臂挥动要快，用力的大小要根据来球距网远近和离网高度加以调节，一般用60%~80%的力量。

（3）快攻时，落点必须多变，而落点的变化主要依赖手腕调节拍面方向，改变击球部位。球拍触球中右部，转动手腕，可以打出斜线球，球拍触球中部为主，向前下方击球，则可打出直线球。

（4）球击出后，还原要快速、及时，放松前臂，准备下一板击球。

2. 正手扣杀

正手扣杀是乒乓球运动中极重要的一项技术。一般在取得主动和优势的情况下运用。其特点主要是力量重、球速快、威力大。扣球较多是在来球的高点时将球击出，如来球较高，位置合适，有时也可以在上升期将球击出。

动作要点：

（1）站位的远近要视来球的长短而定，短的来球站位近台，长的来球站位中近台。整个手臂要随腰部转动而向后引拍，借以拉大球拍与来球的距离，以便获得更大挥拍回速度，并应充分利用腰、腿帮助用力以加大扣杀力量。

（2）手腕只起控制落点的作用，同时与整个手臂一起直接向前下方用力，球拍触球中上部，将球击出，击球点一般在胸前 50 厘米左右。击球后要随势挥拍至左胸前。

（3）球击出后，整个手臂要迅速还原，准备连续扣杀。

3. 正手中远台攻球

站位离球台 1 米左右或更远些，要靠主动发力击球，动作大，力量重。击球前，持拍手臂向后方引拍，球拍呈半横状，拍形稍后仰。击球时，前臂在上臂带动下向前上方挥动，手腕边挥边转使拍形逐渐前倾，在下降期前段击球中部或中下部。击球后，随势挥拍至头部高度。中远台攻球是攻球运动员在中远台对攻和削球运动员削中反攻时常用的一项技术，也作为由被动防御转为主动进攻的一种主要手段。

4. 反手快攻

反手快攻是直、横拍两面攻运动员常用的一项重要技术。其特点是站位近、动作小、速度快、进攻性强。

动作要点：两脚开立，右脚稍前，持拍手臂自然弯曲，将球拍移至腹前偏左的位置。击球时，前臂和手腕向右前方挥动，同时配合外旋转腕动作，使拍形前倾，在上升期击球中上部。击球后随势挥拍至右肩前。

5. 正手提拉

对搓、削过来的出台下旋球，用提拉球配合落点进行还击是比较有效的方法之一。击球前，持拍手臂向右后下方引拍，球拍比半横状略下垂些。击球时，上臂由后向前上方挥动，前臂在大臂带动下加速用力向左上提拉，同时配合手腕动作向上摩擦球，在下降期击中球中部或中下部，拍形接近垂直。击球后，要随势将拍挥至额前。对下旋力强的来球，要加大向上摩擦球的力量。

五、搓球

搓球是近台还击下旋球的一种基本技术。比赛中经常用为拉弧圈球创造条件。它与攻球结合可形成搓攻技术。

1. 快搓

快搓回球速度快，一般在上升期击球。在接发球或对付下旋球的过程中，运用正反手快搓可以变化节奏，缩短对方击球时间，为争取主动创造条件。快搓主要是用来对付对方发过来或削过来的近网下旋转球，它既可以搓近网，也可以搓底线长球。

动作要点：击球前的引拍动作很小。击球时，手臂要迅速前伸迎球，拍形稍后仰，利用上臂前送的力量，在上升期击球中下部。根据来球的旋转强度调节拍面角度和用力方向。来球下旋强，拍触球的底部，向前用力要大些；来球下旋弱，拍触球的中下部，向下用力要大些。

2. 慢搓

慢搓回球速度较慢，一般在高点期或下降前期击球。由于回球时间较慢，因而有利于增大搓球的旋转。在相互对搓中，如能把快搓、慢搓结合起来，变化击球的节奏，可以牵制对方，争取主动。根据握拍方式，反手慢搓可以分为反手直拍慢搓和反手横拍慢搓。

动作要点：击球前，持拍手臂向左上方引拍，拍形后仰。击球时，前臂和手腕向前下方用力，同时配合内旋转腕动作在下降期后段击球中下部。击球后前臂随势向右下方挥摆。

六、削球

削球通过旋转和落点的变化来控制对手、扰乱对方、调动对方，为进攻创造机会或使对方击球失误。

1. 正手近削

正手近削的特点是站位较近，动作较小，击球点高，回球速度较快，配合落点可调动对方，增加回球难度，伺机反攻或直接得分。

动作要点：

（1）选位：左脚稍前站立，身体离台约1米。

（2）引拍：手臂外旋，使拍面稍向后仰，身体向右倾斜，手臂向右上方移动，前臂提起。同时，直握拍手腕伸，横握拍手腕外展，将球拍引至身体右上方。

（3）迎球挥拍：腰、髋向左转动，手臂向左前下方迎球。

（4）球拍触球。

① 击球时间。当球跳至高点或下降期，随着腰、髋向左转动，在上臂带动下，前臂向左前下方用力。同时，直握拍手腕屈，横握拍手腕内收。

② 击球部位。击球中下部。

③ 拍形角度。拍面稍后仰。

（5）随势挥拍：击球后，手臂继续向左前下方随势挥动，并迅速还原。

（6）发力部位：以前臂和手腕为主，配合腰、髋的转动，身体重心从右脚移至左脚。

2. 反手近削

近削时，由于大臂受身体阻碍，所以削球动作主要靠小臂和手腕来完成，动作也比正手削球快些。

动作要点：

（1）选位：右脚稍前站立，身体离台约1米。

（2）引拍：手臂内旋，使拍面稍后仰，身体向左侧倾斜，前臂提起移向左上方。同时，直握拍手腕屈，横握拍手腕外展，将球拍引至身体左上方。

（3）迎球挥拍：腰、髋向右转动，手臂向右前下方迎球。

（4）球拍触球。

① 击球时间。当球跳至高点或下降期，随着身体向右转动，在上臂带动下，前臂向前下方用力，同时，直握拍手腕伸，横握拍手腕内收。

② 击球部位。击球中下部。

③ 拍形角度。拍面稍后仰。

（5）随势挥拍：击球后，手臂继续向前下方随势挥动，并迅速还原。

（6）发力部位：以前臂和手腕为主，配合腰、髋的转动，身体重心从左脚移至右脚。

第三节　乒乓球的基本战术

一、发球抢攻战术

发球抢攻是我国乒乓球运动员的重要战术之一。近年来，世界各种类型打法的运动员都越来越重视这一战术，并使之有了很大的发展。运用发球抢攻时，应注意以下几点。

1. 注意发球与抢攻的配合

发球时，应明确对方都可能怎样接球、接到什么位置、自己怎样抢攻等。例如，欧洲弧圈球选手发下旋球至中国快攻者反手，然后抢拉弧圈球则十分有利。但中国快攻运动员把下旋球发至弧圈球选手反手，对方或接发球抢拉，或搓一板强烈下旋球至中国选手反手，中国快攻运动员则往往被动。

2. 注意发球抢攻与其他战术的配合

现在接发球水平越来越高，有时接过来的球很难抢攻。此时可先控制一板，争取下一板抢攻。不能一心只想发球后就抢攻，一旦无机会，或盲目抢攻，或显得无计可施，都会形成相持球的被动。

3. 注意提高发球质量

要将速度、旋转和落点的变化结合起来，应特别强调发球花样的创新，为抢攻制造更多的机会。应特别注意克服发球种类"清一色"高抛和发球落点只短无长的现象。

4. 大胆果断抢攻

不论对方用搓、拉（包括弧圈球）等技术接发球，自己应都能抢攻。抢攻的技术好，可以增加发球的威力。

5. 掌握两套突出的发球抢攻技术

每个运动员都应有两套特别突出的发球抢攻技术，多而不精或只有一招都不好。具体的发球抢攻战术，主要有以下几套：

（1）正手发旋与不旋球后抢攻：一般以发至对方中路或右方短球为主，配合左方长球。开始先发短的下旋球为好，以控制对方不能抢攻或抢拉，然后再发不旋球抢攻。不旋球，一般也先发短的，或发到对方攻势较弱的一面；如果对方接，还可适当发些长的到其正手。若能发到似出台又未出台的落点，则效果更好。

（2）侧身用正手发高、低抛左侧上、下旋球后抢攻：侧身用正手发高、低抛左侧上、下旋球的落点，为发至对方中左短、左大角、中左长、中右（向侧拐弯飞行正好至对方怀中）和右短，配合一个直线奔球。

（3）反手右侧旋后抢攻：此战术尤其适合擅长反手进攻的选手运用。一般多发至对方中右近网或半出台落点，然后用正、反手抢攻对方反手。

（4）反手发低球后抢推、抢攻。

（5）反手发高抛右侧上、下旋球后抢攻：一般以发至对方正手位或中右近网为主，配合发两大角长球，伺机抢攻。

二、对攻战术

两名进攻型选手相遇，形成攻对攻的局面时，常采用下列战术。

1. 压对方反手，伺机正手攻或侧身攻

一般用于对付反手较弱或进攻能力不强的对手。压反手时，可用推挡、反手攻或弧圈球。

2. 压左调右（亦称压反手变正手）

适用范围：

（1）自己反手不如对方反手时，主动变线，避实就虚。

（2）对方侧身攻的意识极强，用变其正手的方法，既可偷袭空当，又可望牵制对方的侧身攻。

（3）对付正手位攻击力不够强的选手。

（4）自己正手好，主动变对方正手后伺机正手攻。

（5）自己反手攻击力很强，可在变对方正手位时直接得分或取得主动。

（6）左手执拍的选手用此战术的较多，因变线的角度大，右手执拍的选手往往被动。

（7）压左等右（紧压对方反手，等着对方变线，自己用正手抢攻）。多在对方采用压左调右的战术时使用。运用此战术时，压对方反手要凶些，否则对方变线较狠，自己往往被动。

（8）调右压左。先打对方正手，将其调到正手位并被迫离台后，再打其反手位。

（9）用加减力量压对方反手、中路后，迅速抢攻。用于对付站位中台的两面拉（攻）

选手。

一般先用加力推（攻）将对方压下去，再用减力挡将其诱上来，然后伺机加力扣杀。

3. 拉攻战术

拉攻是进攻型选手对付削球打法的主要战术，即用拉球找机会，然后伺机突击。主要有以下几种方法：

（1）拉一角为主，伺机突击自己的特长线路或中路追身。
（2）拉中路杀两角或拉两角杀中路。
（3）拉左杀右或拉右杀左。
（4）拉直杀斜或拉斜杀直。
（5）拉长球配合拉将出台的球，伺机突击。
（6）变化拉球的旋转，伺机突击。
（7）拉搓、拉吊结合，伺机突击。
（8）拉、搓、拱结合，伺机突击。
（9）稳拉为主，伺机突击。

4. 搓攻战术

搓攻是进攻型打法辅助战术之一，也是削球打法相互交锋时的主要战术之一。

（1）先搓反手大角，再变直线，伺机进攻。主要用来对付反手不擅进攻的选手。逼住对方反手大角，视其准备侧身攻或将注意力都放到反手后，将球拉至其正手，伺机抢攻。
（2）搓转与不转后，伺机反攻。
（3）以快搓短球为主，配合劈两大角长球，伺机进攻。
（4）搓右转快攻。

三、接发球战术

（1）接发球抢攻，这是最积极主动的接发球方法。
（2）用拉（包括小上旋和弧圈球）、拨或推的方法将球接至对方弱点处，再接下去打其他技术。
（3）以摆短为主，结合劈两大角长球，争取下一板主动先上手或抢攻。
（4）稳健控制法，一般为攻对削、削对攻或削对削时采用。
（5）接发球战术的指导思想。

① 力争积极主动，克服单纯求稳的思想，能攻的要攻，能撇的要撇，尽量少用搓球。应增加用正手侧身接发球的意识。
② 最大限度地控制对方的发球抢攻，在此基础上争取为下板球的进攻制造机会。
③ 接发球后，要有防御的准备，一旦被对方抢攻，应具备被动转主动的意识和能力。

第四节　乒乓球竞赛规则简介

一、合法发球

（1）发球时，球应放在不执拍手的掌上，手掌应静止、张开、伸平、四指并拢，拇指自然分开。
（2）发球时，不执拍手接触球时应始终在比赛台面的水平面以上。
（3）发球员只能用手向上抛球，不得使球旋转，偏离水平面垂直线不得超过 45°。击球时不能用身体遮挡击球。
（4）当球从抛起的最高点降落时，发球员才能击球。并使球首先触及自己的台区，然后直接越过球网或绕过球网再触及接球员的台区。

（5）在双打中，球发出后应先接触发球员的右半区，然后再触及接球员的右半区。

（6）在运动员发球时，没有击中处于比赛状态的球即失1分。

（7）在发球中，击球时必须在发球员台区的端线或其中假设延长线之后。

二、合法还击

（1）在合法发球或合法还击以后，运动员必须击球，使球直接越过或绕过球网，然后触及对方台区。

（2）如果球在越过或绕过球网时触网或触网柱，应被看做直接越网。

（3）如果发出或还击的球越过球网返回时，可以对此进行还击，使其直接触及对方台区，此球应看做越过或绕过球网。

三、双打击球次序

在双打中，首先由发球员发合法球，再由接球员合法还击，然后由发球员的同伴合法还击，再由接球员的同伴合法还击。此后运动员按此次序交替合法还击。

四、1分

除非一个回合被判重发球，否则下列情况判失1分：未能发出合法球；未能合法还击；拦击或阻挡；连续击球两次；用不合乎规定的拍面击球；当球处于比赛状态时，本方运动员及其任何穿带物件使台面移动；在球处于比赛状态时，不执拍手触及台面；在球处于比赛状态时，运动员及其穿带物触及网或网柱；在双打中，运动员击球顺序错误；实行轮换发球时，发球员及其同伴在发球后已连续12次合法击球，而每次都已被对方合法还击。

五、一场和一局比赛

在一局比赛中，先得11分的一方为胜方。打到10平后，先多得2分者为胜方。在一场比赛中，单打淘汰赛采用7局4胜制，双打淘汰赛和团体赛采用5局3胜制。

六、交换发球次序

（1）发球两次后，接发球一方即成为发球一方，以此类推。双方10平或开始采用轮换发球法以后，发和接发次序同上，每个运动员只轮发一个球，直到该局结束。

（2）在双打中，由取得发球权一方选出的同伴发球，由对方选择的同伴接发球；第二发球员为第一接球员，而第二接球员为第一发球员的同伴；第三发球员为第一发球员的同伴，而第三接球员为第一接球员的同伴；第四发球员为第一接球员的同伴，而第四接球员为第一发球员；依此类推。

（3）一局首先发球的一方，在该场下一局首先接发球。

（4）在双打比赛中，除第一局外，每一局选出了第一个发球员，首先接发还应是前一局发给他球的发球员。

在决胜局中，当一方先得5分时，接发球一方的运动员应交换发球的次序。

思考题

1. 根据不同打法应如何站位？
2. 简述接发球的站位和判断方法。
3. 简述挡球的动作要领。
4. 正手攻球的技术动作有哪些？
5. 简述弧圈球技术的原理。
6. 在乒乓球比赛中，在什么情况下判失1分？

第九章 羽 毛 球

第一节 羽毛球运动简介

羽毛球是一项在室内外均可进行的小型球类运动。比赛时，1 人或 2 人为一方，中隔一网，用球拍经网上往返击球，使球落到对方场地上或使对方击球失误而得分。

羽毛球的比赛场地长 13.40 米，单打场地宽 5.18 米，双打场地宽 6.10 米；场地正中设有球网，长 6.10 米，宽 0.76 米，网上端距地面 1.55 米。

羽毛球比赛分男、女团体，男、女单打，男、女双打，男女混合双打共 7 项。比赛采用 3 局 2 胜制，双打和男子单打先得 15 分者为胜一局，女子单打先得 11 分者为胜一局。羽毛球比赛规则采用发球得分制，即发球方胜球得分。输球不失分而转由对方发球。在双打比赛中每方 2 名运动员各有 1 次发球权。羽毛球比赛完一局，或在决胜局有一方先得 8 分（女子单打 6 分）时，双方必须交换场地。

羽毛球是一项为广大群众喜爱的体育运动项目，它具有球小、速度快、变化多等特点。运动器材设备比较简单，在室内外都可以进行。运动量可大可小，不同年龄、性别和身体条件的人都可以参加。因此，这项运动易于发展和普及。经常参加羽毛球运动不仅可以发展人的灵敏性和协调性，提高动作的速度和上下肢活动的能力，改善心血管系统的机能，而且有助于培养人的勇敢顽强、机智果断等品质，亦有利于更好地学习和工作。

一、羽毛球运动的起源和历史发展

1. 羽毛球运动的起源

据载，至少在两千年前，原始的羽毛球运动在中国、日本、印度、泰国等国就已经很流行了。现代羽毛球运动源于 1860 年英格兰格拉斯哥邦的伯明顿（Badminton）庄园内举行的一场游戏活动，这个庄园的名称成为现代羽毛球的名称，它的命名标志现代羽毛球运动的开始。

1860 年的一天，伯明顿的庄园园主鲍费特公爵在他的庄园里举行了一次家庭社交活动。由于当时天公不作美，下起了大雨，庄园内四处积水，客人们只得待在室内。印度退役回来的军官提议在家里玩"拍击穿梭球"的游戏，游戏趣味盎然、引人入胜，使在场者大开眼界。不久，他们玩的技术娴熟了，又进一步提出了要求，不让球尽早地掉落在地。随着要求的提高和游戏时间的延长，玩者的技术也更高更娴熟。于是人们就建议，以伯明顿庄园的英文名为这项新游戏定名。从此，这项游戏的消息便不胫而走，流行于世，并发展成为当今人们所熟悉和喜爱的羽毛球运动。

2. 羽毛球运动的历史发展简介

早期的羽毛球和球拍形状都和现在基本相同，只是体积和质量较大。早期的羽毛球场地中间较狭窄，1901 年修改羽毛球比赛规则时，才将场地的形状改成现今的长方形。

羽毛球比赛规则的形成和发展也是颇为有趣的。世界上第一部羽毛球运动规则于 1873 年草拟于印度的普那。其后，一些国家也制订了类似的规则。由于当时人们对这项运动的认识不一致，所以各国制订的羽毛球比赛规则和场地标准也不尽相同。1877 年，第一个成文的羽毛球比赛规则在英国出版。

1887 年，英国的巴斯羽毛球俱乐部成立时，修改和统一了羽毛球比赛规则，其中不少条文至今仍被采用。1893 年，由英国 14 个羽毛球俱乐部一致倡议组成了正规的羽毛球协会，即英国羽毛球协会，并进一步修改了规则。

1899 年，英国羽毛球协会举办了"全英羽毛球锦标赛"，这个传统的非正式羽毛球锦标赛每年举办一次，一直延续至今。

此后，羽毛球运动从不列颠诸岛流传到斯堪的纳维亚和英联邦各国，随后又流传到美洲、亚洲、大洋洲各国，最后传到非洲。

世界上开展这项运动的国家越来越多，1934 年成立了国际羽毛球联合会，总部设立在伦敦。1939 年，国际羽毛球联合会（简称国际羽联）通过了各个会员国共同遵守的《羽毛球竞赛规则》。

1981 年 5 月，国际羽联重新恢复了中国在国际羽联的合法席位，从此揭开了国际羽坛历史上新的一页，进入了中国羽毛球选手称雄国际羽坛的辉煌时期。在 1988 年奥运会上，羽毛球被列为表演项目；在 1992 年奥运会上，羽毛球被列为正式比赛项目，从此羽毛球运动进入了一个新的发展时期。

二、国际羽毛球赛事

目前世界上最引人注目、最有影响的国际羽毛球比赛，是国际羽联主办的世界四大锦标赛，即"汤姆斯杯"赛（世界男子团体锦标赛）、"尤伯杯"赛（世界女子羽毛球团体锦标赛）、世界羽毛球锦标赛和"苏迪曼杯"赛（世界羽毛球混合团体锦标赛）。

此外，羽毛球比赛还有包括羽毛球比赛在内的、包含不同运动项目的一些国际性综合运动会，该羽毛球比赛服从于运动会的特别规程。这类综合性运动会有亚洲运动会、英联邦运动会、东南亚半岛运动会、世界运动会和奥运会。

三、羽毛球场地与器材的基本要求

1. 羽毛球场地

羽毛球场地长度是 13.40 米，单打球场宽 5.18 米，双打球场宽 6.10 米。

2. 场地线

球场必须有清楚的界线，场地线宽均为 40 毫米，场地线的颜色最好是白色、黄色或其他容易辨别的颜色。所有场地线都是它所确定区域的组成部分。

3. 场地空间、四周环境

球场上空 12 米以内，球场四周 2 米以内，不得有任何障碍物（包括相邻的两个球场）。

4. 网柱

网柱高 1.55 米，双打场地网柱应放置在双打边线的中点上，单打场地网柱应放置在单打边线的中点上。

5. 羽毛球

羽毛球质量为 4.74~5.50 克，应有 16 根羽毛插在半球形的软木托上；羽毛球底部为圆形，球托直径 25~28 毫米；羽毛在顶部围成圆形，直径 58~68 毫米；羽毛应用线或其他适宜材料扎牢。

6. 球拍

羽毛球拍用木料、铝合金或碳素纤维等质地轻而坚实，并富有弹性的材料制作而成。球拍由拍头、拍弦面、联结喉、拍杆、拍柄组成整个框架。拍框总长度不超过 680 毫米，宽不超过230毫米；拍弦面应是平的，用拍弦穿过拍头十字交叉或用其他形式编制而成，编制样式应保持一致；拍弦面长不超过280毫米，宽不超过220毫米。

第二节　羽毛球运动基本技术

一、握拍法

最基本的握拍法有正手握拍法和反手握拍法两种，下面以右手握拍为例介绍握拍法。

1. 正手握拍法

凡从身体右侧来球至头顶运用正手握拍法击球，如图9-1所示。虎口对准拍柄上方侧内沿，小指、无名指和中指并握，食指稍分开，大拇指与中指靠近。

2. 反手握拍法

凡从身体左侧的来球，运动员应先转身（背对网）后击球，用反手握拍法，即在正手握拍的基础上，拇指和食指将拍柄稍外转，拇指顶贴在拍柄内侧的宽面上，如图9-2所示。

二、发球与接发球

1. 发球

发球有正手发球和反手发球两种（图9-3）。按球在空中飞行的弧线又可将发球分为发高远球、发平高球、发平快球、发网前球和发旋转飘转球等。

2. 接发球

如果说发球发得好是走向胜利的开始，那么接发球接得好则是走向胜利的第一步。发球方要利用多变的发球打乱接球方的阵脚，争取主动，而接发球方则是通过多变的接发球破坏对方的企图（图9-4）。

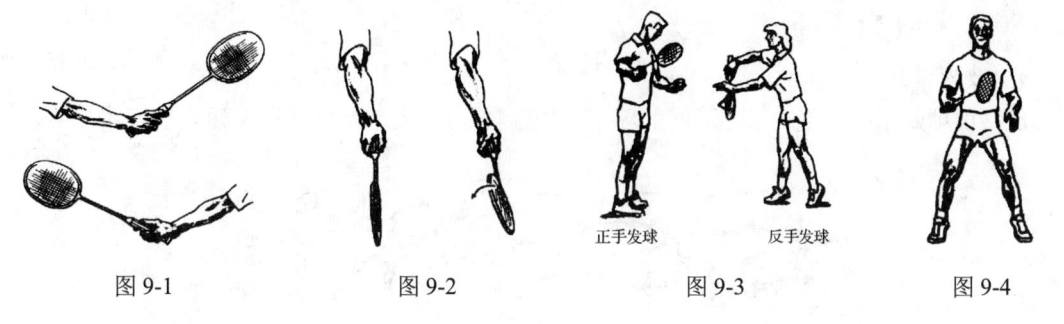

图9-1　　　　图9-2　　　　图9-3　　　　图9-4

三、击球法

1. 高远球

高远球可以逼迫对方退离中心位置，到底线击球，削弱对方进攻威力，消耗对方体力。高远球的滞空时间长，易于争取时间，可摆脱被动局面（图9-5）。

图9-5

2. 吊球

把对方击来的球从后场轻巧地还击到对方的网前地区，称为吊球。它是调动对方、打乱对方阵脚、配合战术的一种击球技术。在后场进攻中，常和高远球、杀球结合运用。如能做到这三种击球的前期动作一致，就能造成对方判断上的失误，以巧取胜（图9-6）。

图9-6

3. 杀球

杀球即把高球在尽量高的击球点上用力扣压下去，这种球力量大、弧线直、下落快，是一种主要进攻技术。杀球技术包括正手杀球（图9-7）、反手杀球和绕头顶杀球。

图9-7

4. 放网前球

放网前球是指将对方的吊球或网前球用球拍轻轻一托，使球一过网顶就朝下坠落（图9-8）。

图9-8

5. 搓球

搓球是放网前球技术的一种发展。它动作细腻，击球点较高，利用"搓""挑"的动作，摩擦球托底部，使球改变在空中的正常运行轨道，产生沿横轴翻转或纵轴旋转越过网顶，给对方回击造成困难，因而为自己创造进攻的机会（图9-9）。

图9-9

6. 推球

与网前的假动作相配合,在引诱对手上网时,突然将球快速推到后场底角。利用这种进攻技术,常能直接得分(图9-10)。

图9-10

7. 勾球

在网前回击对角线球称为勾球。它和搓球、推球结合起来运用,常能起到声东击西的作用(图9-11)。

图9-11

8. 扑球

当对方发网前球或回击网前球,球越过网顶时,弧度较高,运动员迅速上步在网前举拍扑杀,谓之扑球。扑球用力有轻有重,飞行的弧线较短,落地较快,常使对方挽救不及,是双打中常用的一种进攻技术(图9-12)。

图9-12

9. 挑高球

挑高球是把对方击来的吊球或网前球挑高,回击到对方的后场去,这是在比较被动的情况下采取的一种防守技术(图9-13)。

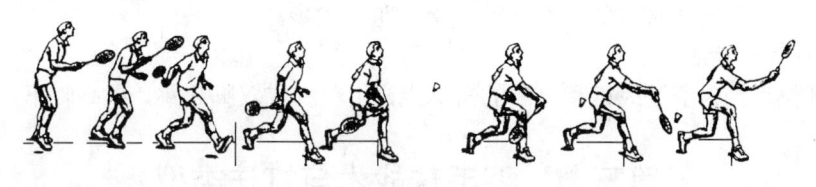

图9-13

10. 抽球

抽球是击球平飞过网的一种打法。抽击时,击球点在肩部以下的两侧,是下手击球速

069

度较快的一项进攻技术，在双打中运用得最多（图 9-14）。

图 9-14

11. 接杀球

接杀球是转守为攻的打法，分为挡网前球、抽后场球和挑高球（图 9-15）。

图 9-15

四、步法

羽毛球的步法要快速灵活，才能有效地控制全场。单个步子有蹬步、跨步、垫步、蹬跨步、蹬转步、交叉步、并步、小碎步、腾跳步等。由这些组成上网、后退、两侧移动和起跳腾空等综合步法。从中心位置起动，移动到任何击球位置，一般不超过 3 步。

下面以右手持拍者为例，说明几种综合步法。

1. 上网步法

由中心位置起动，不论正手球或反手球，根据来球的远近，可采用 1 步、2 步或 3 步上网击球。但最后一步总是要求右脚在前，重心落在右脚上。

2. 后退步法

由中心位置后退，根据来球的远近，可采用 1 步、2 步或 3 步后退击球。最后一步是右脚在后，重心在右脚上。若反手部位击球，左脚退后一步，上身需向左转体后，右脚再跨出一步。

3. 两侧移动步法

向右侧移动：若来球较近，用左脚掌内侧起蹬，右脚同时向右侧转跨一大步；若来球较远，左脚可向右垫一小步再起蹬，右脚同时向右转侧跨一大步。向左侧移动：若来球较近，用右脚掌内侧起蹬，左脚同时向左侧转跨一大步；若来球较远，左脚可先向左侧移半步，上体向左转身的同时右脚向左（前交叉）跨一大步。

4. 起跳腾空步法

步子到位后，为争取战机和更高的击球点，用单脚或双脚起跳，居高临下，凌空一击。

第三节　羽毛球战术与打法类型

一、羽毛球打法

根据羽毛球比赛的规律，可以用几种技术组合形成各种不同的打法，由于每个运动员的技术特长、身体素质和心理品质等条件不同，可能会形成各种不同的打法类型。

1. 单打的几种打法

1) 压后场底线

通过高远球和进攻性平高球压对方后场底线，迫使对方后退，然后配合大力杀球或吊网前空当，争取得分。

2) 打四方球

以高远球（或平高球）和吊球准确地攻击对方四个角落，调动对方前后左右奔跑，打乱其阵脚。在对方来不及回中心位置或回球较差时，向其空当部位发动进攻取胜。

3) 快拉快吊

以平高球快压对方后场两底角，配合快吊网前两角，引对方上网。当对方被动回击网前球时，即迅速上网控制网前，以网前搓球、勾球结合推后场底角，迫使对方疲于奔命，回击被动，从而创造中后场大力扣杀和网前扑杀的机会。

4) 后场下压

利用对方打来的高远球在后场扣杀，结合吊球，迫使对方被动拦网前或放网前球，这时主动快速上网搓球或推球，控制前场，迫使对方被动挑高，再后退起跳大力扣杀。

5) 守中反攻

这种打法是利用拉吊四方球及防守中的球路变化调动对方，伺机反攻（扣杀、吊球和平抽空当）。

2. 双打的几种打法

1) 快攻压网

从发球、接发球抢攻开始，以左、右分边站，平抽平打快速杀球为主，压在前场进攻。

2) 前场打点

通过网前搓、勾及推半场或找空隙，打乱对方站位，创造后场进攻机会。

3) 后攻前封

基本保持前后站位，后场逢高球积极下压，连续大力扣杀，杀球与吊球配合运用，打乱对方防守阵脚。当对方还球到前半场或近网时，予以致命的扑杀。

4) 抽压底线

以快速的平高球和长抽球压住对方底线两角，在对方扣杀时也能以平抽反击或挑高球到两底角，调动对方，伺机进攻。

二、羽毛球战术

战术是根据对手的技术、打法、体力和思想意志等因素，从发挥自己的长处、弥补自己的短处出发，为争取比赛胜利而采取的各种策略。

1. 单打战术

1) 发球抢攻

发球抢攻即从发球的第一拍起，争取控制对方，攻杀得分。一般以发网前低球结合平快球、平高球，争取第三拍主动进攻。

2) 攻后场

对后场还击力量较差的对手，可以攻后场底线两角，乘机进攻。

3) 攻前场

对基本功差的选手，可将其引到网前，争取得分。

4）打四方球

若对手步法较慢，体力稍差，技术不全面，可以快速、准确的落点攻击对方场区的四个角落，伺机向空当进攻。

5）杀吊上网

当对手打来后场高球，先以杀球配合吊球把球下压，落点要选择在场区的两条边线附近，使对手被动回球。若对手还击网前球时，迅速上网搓球、勾球或平推球，创造在中后场大力扣杀的机会。

6）守中反攻

先以高远球诱使对方进攻，在对手强攻不下、疏于防守时，即可突击进攻，或在对手体力下降、速度缓慢时，再发动进攻。

2. 双打战术

1）发球、接发球战术

双打的发球往往是决定胜负的关键。发球要根据对方情况，选择好站位，注意球路、落点的变化，争取主动。因双打的发球线比单打短 76 厘米，不利于发高球，往往以发网前球为主。接发球时如判断起动快，有较好的出手手法，常可以扑球使对方被动，或是以搓、推获得主动进攻的机会。

2）攻人（2 打 1）

集中攻击对方有明显弱点的队员。当另一队员前来协助时，露出空隙，可攻空隙；若另一名队员放松警惕时，可攻其不备。

3）攻中路

当对方处于并排防守站位时，可攻对方两人的中间。当对方前后站位时，就可把球下压或轻推在两边线半场处。

4）攻后场

遇到后场扣杀能力差的对手，可采用平高球、推平球、接杀挑底线，把对方一人紧逼在底线两角移动。当对手被动还击时，大力扑杀。如另一对手后退支援时，即可攻网前空当。

5）后攻前封

当本方处于主动进攻前后站位时，后场队员逢高球必杀，迫使对手接杀挡网前，为本方前场队员创造封网扑杀机会。前场队员要积极封锁前场，迫使对方被动挑高球，遇挑高球不到后场，就会为本方创造得分机会。

6）守中反攻

在防守中寻找反攻的机会，以达到摆脱被动转为主动进攻的局面。待到有利时机就运用反抽或挡网前回击对方的杀球，从守中反攻，争得主动权。

三、羽毛球打法战术的发展

1. 男子单打打法的发展概况

20 世纪 50 年代以前的传统打法，其特点是讲究技术，但速度不快，强调控制球的落点稳而准；此后，杀、吊上网的快速打法制服了慢速四方球打法，这标志亚洲羽毛球运动的崛起。中国在 60 年代以"快、狠、准、活"的技术风格开创了快攻的新局面，随之"快速和进攻"的打法开始被各国选手所重视。70 年代后期，男子单打的打法特点是以控制对方的后场为主。而强调变速突击，注重时机、效果、落点与战术的变化，是 80 年代中期至 90 年代的特点。

2. 男子双打打法的发展概况

20世纪50～60年代，亚欧选手采用不同风格的打法，欧洲选手以软打前半场控制落点为主，亚洲选手注重平抽硬打以快为主。以后发展为轮攻的进攻队形，提高防守技术，以守中反攻打法为主，同时强调前几拍球的质量，抓全面和特色，形成了多种快攻打法。

3. 女子单打打法的发展概况

长期以来女子单打主要打法以稳、准控制底线，伺机杀球的打法为主；后来逐渐演变为从慢拉、慢吊打法，到提高移动速度和出球速度、提高控网能力及注重快速拉吊或拉杀结合突击为主的打法。

4. 女子双打打法的发展概况

欧美的传统打法特点是分工明确，一个负责前场，另一个负责后场，通过前半场的软打创造进攻机会。到20世纪60～70年代，亚洲的守中反攻（抽压底线或防守挑底线结合反击）打法占了上风。80年代前半期，女双各种打法在技术全面的基础上，快攻技术又有新的发展。

5. 混合双打打法的发展概况

混合双打的演变是以软打前半场为主打法，到以硬压底线为主的打法，进一步发展为能软挡、硬抽相结合的打法。

第四节　羽毛球比赛规则

1. 球场场地线

所有场地线都是它所确定区域的组成部分。

2. 挑边

比赛前，双方应掷挑边器。赢的一方将选择先发球（或先接发球）或选择一个场区。输方在余下的一项中作出选择。

3. 计分

一场比赛应以3局2胜定胜负，21分制。

（1）每球得分制。

（2）每回合中，取胜的一方加1分。

（3）当双方均为20分时，领先对方2分的一方赢得该局比赛。

（4）当双方均为29分时，先取得30分的一方赢得该局比赛。

（5）一局比赛的获胜方在下一局率先发球。

1）单打

（1）在一局比赛开始时（比分0∶0）或发球方得分为偶数时，发球方在右半场进行发球。当发球方得分为奇数时，在左半场进行发球。

（2）如果发球方取得一分，那么下一回合其继续发球。

（3）如果接发球方取得一分，那么下一回合其成为发球方。

2）双打

（1）与单打一样，发球方得分为偶数时，发球方在右半场进行发球。当发球方得分为奇数时，在左半场进行发球。

（2）如果发球方取得一分，那么下一回合其继续发球，且发球人不变。

（3）如果接发球方取得一分，那么下一回合其成为发球方。

（4）当且仅当发球方得分时，发球方的两位选手交换左右半场。

4. 交换场区

以下情况运动员应交换场区：第一局结束；第三局开始前；第三局中或只进行一局的比赛中，当领先的一方得分为11分一局的6分或15分一局的8分时。

运动员未按规定交换场区，发现后立即交换，已得分数有效。

5. 合法发球

（1）发球时任何一方都不允许非法延误发球。

（2）发球员和接发球员都必须站在斜对角发球区内发球和接发球，脚不能触及发球区的界线；两脚必须都有一部分与地面接触，不得移动，直至将球发出。

（3）发球员的球拍必须先击中球托，与此同时整个球要低于发球员的腰部。

（4）击球瞬间，球拍杆应指向下方，从而使整个拍头明显低于发球员的整个握拍手部。

（5）发球开始后，发球员的球拍必须连续向前挥动，直至将球发出。

（6）发出的球必须向上飞行过网，如果不受拦截，应落入接发球员的发球区内。

（7）一旦双方运动员站好位置，发球员的球拍头第一次向前挥动即为发球开始。

（8）发球员须在接发球员准备好后才能发球，如果接发球员已试图接发球则被认为已做好准备。

（9）一旦发球开始，球被发球员的球拍触及或落地即为发球结束。

（10）双打比赛，发球员或接发球员的同伴站位不限，但不得阻挡对方发球员或接发球员的视线。

6. 单打

（1）发球员的分数为0或双数时，双方运动员均应在各自的右发球区发球或接发球。

（2）发球员的分数为单数时，双方运动员均应在各自的左发球区发球或接发球。

（3）如有再赛，发球员应以该局的总得分，按（1）和（2）的规定站位。

（4）球发出后，由发球员和接发球员交替对击直至"违例"或"死球"。

（5）接发球员违例或因球触及接发球员场区内的地面而成死球，发球员就得一分。随后，发球员再从另一发球区发球。

（6）发球员违例或因球触及发球员场区内的地面而成死球，发球员即失去发球权。随后，接发球员成了发球员，双方均不得分。

7. 双打

（1）一局比赛开始和每次获得发球权的一方，都应从右发球区发球。

（2）只有接发球员才能接发球；如果他的同伴去接球或被球触及，发球方得一分。

（3）自发球被回击后，由发球方的任何一人击球，然后由接发球方的任何一人击球，如此往返直至死球。

（4）自发球被回击后，运动员可以从网的各自一方任何位置击球。

（5）接发球方违例或因球触及接发球方场区内的地面而成死球，发球方得1分，原发球员继续发球。

（6）发球方违例或因球触及发球方场区内的地面而成死球，原发球员即失去发球权，双方均不得分。

（7）每局开始首先发球的运动员，在该局本方得分为0或双数时，都必须在右发球区发球或接发球；得分为单数时，则应在左发球区发球或接发球。

（8）每局开始首先接发球的运动员，在该局本方得分为0或双数时，都必须在右发球区接发球或发球；得分为单数时，则应在左发球区接发球或发球。

（9）上述两条相反形式的站位适用他们的同伴。

（10）如有再赛，则以该局本方总得分，按规则的规定站位。

（11）发球必须从两个发球区交替发出。

（12）任何一局的首先发球员失去发球权后，由该局首先接发球员发球，然后由首先接发球员的同伴发球，接着由他们的对手之一发球，再由另一对手发球，如此传递发球权。

（13）运动员不得有发球顺序错误和接发球顺序错误，或在同一局比赛中连续两次接发球。

（14）一局胜方中的任一运动员可在下一局先发球，负方中的任一运动员可先接发球。

8. 发球区错误

以下情况为发球区错误：发球顺序错误；从错误的发球区发球；在错误的接发球区准备接发球，且球已发出。

发球区错误的处理：

（1）如果错误在下一次发球击出前发现，应重发球；只有一方错误并输了这一回合，则错误不予纠正。

（2）如果错误在下一次发球击出前未被发现，则错误不予纠正。

（3）如果因发球区错误而"重发球"，则该回合无效，纠正错误重发球。

（4）如果发球区错误未被纠正，比赛也应继续进行，并且不改变运动员的新发球区和新发球顺序。

9. 违例

（1）发球不合法；发球员发球时未击中球；发球时，球过网后挂在网上或停在网顶等。

（2）比赛时，球落在球场界线外；球从网孔或网下穿过；球不过网；球碰屋顶、天花板或四周墙壁；球触及运动员的身体或衣服；球触及场外其他人或物体；比赛时，球拍与球的最初接触点不在击球者网的这一方（击球者击球后，球拍可以随球过网）。

（3）比赛进行中，运动员球拍、身体或衣服触及网或网的支撑物；运动员的球拍或身体从网上侵入对方场区（不妨碍对方的击球后随挥除外）；运动员的球拍或身体从网下侵入对方场区，妨碍对方或使对方分散注意力；妨碍对方，如阻挡对方紧靠球网的合法击球；比赛时，运动员故意分散对方注意力的任何举动，如喊叫、故作姿态等。

（4）击球时，球夹在或停滞在拍上紧接着又被拖带；同一运动员两次挥拍连续击中球两次；同方两名运动员连续各击中球一次；球触及运动员球拍后继续向其后场飞行；运动员严重违犯或一再违犯规则的规定。

10. 重发球

（1）遇不能预见或意外的情况，应重发球。

（2）除发球外，球过网后挂在网上或停在网顶，应重发球。

（3）发球时，发球员和接发球员同时违例，应重发球。

（4）发球员在接发球员未做好准备时发球，应重发球。

（5）比赛进行中，球托与球的其他部分完全分离，应重发球。

（6）司线员未看清，裁判员也不能作出决定时，应重发球。

（7）重发球时，最后一次发球无效，原发球员重新发球。

11. 死球

下列情况为死球：球撞网并挂在网上，或停在网顶；球撞网或网柱后开始在击球者一

075

方落向地面；球触及地面；"违例"或"重发球"已被宣判。

12. 间歇

比赛的第二局与第三局之间应允许有不超过 5 分钟的间歇。

（1）遇有不是运动员所能控制的情况，裁判员可根据需要暂停比赛。如果比赛暂停，已得分数有效，续赛时由该分数算起。

（2）不允许运动员为恢复体力或喘息，或接受场外指导而中断比赛。

（3）比赛时不允许运动员接受指导。

（4）在一场比赛中，运动员未经裁判员同意，不得离开场地。

（5）只有裁判员能暂停比赛。

13. 警告

（1）对已被警告过的一方判违例。

（2）对严重违犯或屡犯者判违例并立即向裁判长报告，裁判长有权取消其比赛资格。

（3）未设裁判长时，竞赛负责人有权取消违犯者的比赛资格。

思考题

1. 简述单打战术和打法。
2. 简述双打战术和打法。
3. 简述比赛中的再赛规定。
4. 简述合法发球。
5. 简述发球区错误如何处理。
6. 简述何时应该重发球。
7. 简述羽毛球击球方法。
8. 简述羽毛球场地和器材要求。

第十章 网 球

第一节 网球运动简介

网球是2人或4人在中隔一网的场地上用球拍往返拍击一个有弹性的橡胶小球的球类运动。

网球比赛的场地长23.77米，单打场地宽8.23米、双打场地宽10.97米，有草地、硬地、泥沙地、塑胶地或用沥青涂料塑等材料制成的场地；球网高0.914米，将场地分隔成两个半场；球为白色或黄色，用有弹性的橡胶制成，质量为56.7～58.5克。

网球的比赛方式有男子团体、女子团体、男子单打、女子单打、男子双打、女子双打和混合双打。比赛时，男子单打、双打采用5盘3胜或3盘2胜，女子单打、双打和男女混合双打采用3盘2胜制。先胜6局者为胜一盘，一盘中若双方各胜5局时，一方必须再胜2局才算胜一盘（也称"抢7局"）。比赛时每胜一球得1分，胜第1分记为15，胜第2分记为30，胜第3分记为40，先得4分者胜一局。当双方各得3分（40∶40）时为平分，平分后一方必须再净胜2分（2球）时才算胜一局。比赛时，由双方轮换持有"发球局"，即该局比赛全由一方发球；发球采用"双发制"，即第一发失误后仍可再次发球，若两次发球均失误（双发失误）则判对方得1分。

网球运动是受人们普遍喜爱、富有乐趣的一项体育活动。网球运动的锻炼价值很高，既是一种消遣和增进健康的手段，也是一种艺术追求和享受，还是一种扣人心弦的竞赛项目。打网球可以使人的动作迅速、判断准确、反应快并能提高速度、力量、耐力、灵敏性等素质，对调节肌肉用力的紧张度与肌肉感觉有良好的影响，对发展协调性有积极作用。

一、网球运动的起源与发展

网球运动起源于法国。早在12～13世纪，法国的传教士常常在教堂的回廊里，用手掌击打一种类似小球的物体，后传入法国和英国宫廷。15世纪，这种游戏由用手掌击球改用板拍打球，场地中央的绳子也改成了网子。在此之前，由于这种活动只是在法国和英国的宫廷中流行，所以网球运动又称为"宫廷网球"或"皇家网球"。

1873年，英国的温菲尔德少校改进了早期网球的打法，提出了一套接近于现代网球的打法。1874年，又规定了球网的大小和高低，在英国创办了简易的草地网球比赛。1877年7月，举办了第一届温布尔登草地网球锦标赛。1884年，英国伦敦玛丽勒本板球俱乐部又把球网中央的高度定为91.4厘米。至此，现代网球正式形成，并很快在欧美盛行起来。

1896年，在雅典举行的第1届奥运会上，网球的男子单打与双打被列为正式比赛项目。后来，由于国际奥委会和国际网球联合会在"业余运动员"的定义上有分歧，已经连续7届奥运会都进行的网球比赛被取消，直到1988年的第24届奥运会上，网球又重被列为正式比赛项目。

二、网球的弹跳与旋转

网球在空中的飞行轨迹为抛物线，由于挥拍方式不同，可以打出上旋球、下旋球或侧旋球。不同旋转的球飞行速度、弹跳高度均有不同。

1. 上旋球

上旋球是比赛中运用最多的一种击球方法。其安全系数高，可以在各种情况下运用。上旋球落地后的速度比触地前的速度更快，只有用上旋球才能进行进攻性比赛。

2. 下旋球

下旋球在上网截击和削球时运用较多，下旋球又慢又飘，球的弹跳高度较低。球与地面产生的摩擦力与球运动的方向相反。

3. 平击球

绝对不旋转的平击球实际上是不存在的。一般在发球上网或扣杀时把全身力量击在球上。此外，还有侧旋球。侧旋球在水平面上旋转，主要是在发侧旋球时出现。

三、打好网球的基本要求

1. 球感

击球的位置，并不是看见球在哪里，而是意识到球会飞到哪里。当了解了球的旋转与弹跳的性质后，就可以预测球在何处落地，落地后向何处弹跳，以及以什么样的方式弹跳，这就是所谓的球感。

2. 站位

站位的选择要根据情况而定，如对方在右区向右区发球时，在右场区端线附近距边线3米左右的地方就是合适的站位；每击完一次球，必须跑回（特殊情况例外）中点附近，这就是合适的站位。

3. 移动

学会跑动，要掌握跑得快、停得住，以及如何在适当的位置上击球。离球太远或太近都难以完成击球的动作。

4. 手腕

手腕在击球瞬间保持不动是至关重要的。

第二节 网球的基本技术

一、击球的动作结构

击球动作结构由引拍、向前挥拍、球拍触球和随挥动作4个部分组成。

1. 引拍

引拍是一切击球技术的开始，是获得击球力量的保证。

2. 向前挥拍

挥拍要及时，挥拍的方向、速度不仅决定着击球的命中率，更重要的是决定击球的速度、深度、角度。各种技术的挥拍方法各不相同，但追求的击球效果却是一致的，因此要掌握好向前挥拍这个重要环节。

3. 球拍触球

触球是击球动作的关键环节。触球的时间、触球的部位、触球时球拍挥动的角度方向和手臂、手腕的用力感觉等复杂动作都集中在这关键的一瞬间，这一瞬间决定击球的最后效果。

4. 随挥动作

随挥动作有利于增大击球的力量，有利于整个击球动作的协调、连贯，并能给人以优美、舒服的感觉。

二、握拍法

握拍是学打网球的第一步，根据个人的情况确定自己的握拍方式对打好网球是非常重要的。传统的握拍方式有三种：东方式、大陆式和西方式。

1. 东方式握拍法

由拇指与食指形成的"V"字形虎口放在球拍把手的上平面上，手掌根部贴住拍把手的右上斜面，与拍底平面对开。东方式反手握拍法是在正手握拍法的基础上，手沿逆时针方向旋转一个平面。采用这种握拍法时应注意，在击低的地面球时，拇指垫要压在左下斜面，以免拍头低垂。

2. 大陆式握拍法

大陆式握拍法是介于东方式正手与反手握拍法之间的握拍法。要点是：由拇指与食指形成的"V"字形虎口放在拍把手的上平面与左上斜面的交界处，手掌根部贴住上平面，与拍底平面对齐，食指下关节紧贴在右上斜面上。

3. 西方式握拍法

这种握拍法由于较复杂，只有极少数人采用。西方式握拍法最形象的说法是"一把抓"。其要点是：拇指与食指几乎成直角，拇指直伸压住拍上平面，食指下关节握住右上斜面，手掌根贴住右下斜面，与拍底平面对齐。

无论采用哪一种握拍法，都应注意拇指与食指必须钳紧拍，手掌根部贴紧把手，由食指下关节与手掌根部控制球拍。另外，要注意使手臂与拍形成"L"形，拍顶始终保持比拍底稍高。

三、正手击落地球

落地球是指回击对方，在己方场区内落地弹起时的球。落点一般在底线附近。

1. 握拍与准备动作（以右手为例）

运动员准备击球前，应该身体面向网，膝弯曲，重心前倾，以前脚掌着地。击球的手握拍在身体前方（采用东方式正拍或西方式正拍握拍法），另一只手的拇指与食指、中指轻轻夹住球拍的拍柄。

当球飞来时，运动员应迅速起动奔跑，不能迎着球的落地点直线跑。适当的位置是球的飞行轨迹将在自己的右前方，当身体重心从后脚移至前脚时，球正好接近。

2. 身体重心的变化

当球迎面而来时，运动员应迅速后退一步或侧让，使身体与球的落点轨迹保持一定距离，然后再重新跨步上前击球。击球前运动员是侧身站立，面朝边线，甚至背朝着网的方向，在击球过程中，脸与身体方向一致朝着边线。完成动作时脸和身体才转向网的方向。

3. 击球前的拉拍

进行击球前，手臂就应做好后摆球拍。球拍要拉得早，当你确定来球将奔向你的正手或反手时，就应当开始拉拍。收拍弧度及动作不宜太大。拍应拉在来球的线路上，根据来球的弹跳高度来确定拉拍的高度。拉拍到击球的整个过程，球拍的挥动轨迹是以手臂带动的，不是靠手腕的转动。

4. 挥拍的节奏

击球时，手臂带动拍在转动中进入击球空间，拍在回拉准备击球时动作较慢，进入击球轨道时突然加快，整个动作过程是连续的、协调的。一旦完成击球动作，球拍要向前送一段，不要立刻收起。

5. 击球

击球必须"迎上去"即提前挥拍，沿着来球的轨迹挥上去，使拍与球在身体前方相碰。这是完成击球动作的关键。通过手柄可以控制击球部位。

在击球中，手臂应做两种运动：一是向前运动，即整个手臂沿着来球方向挥去；二是手臂在向前运动的同时，通过以肘为轴心的转动，调整拍头的位置，使其在球的下方击球。这两种运动形式应结合起来。

6. 跟进

跟进可以提供击球的力量和控制球的飞行方向。好的击球并不是使人感到球与拍的"碰撞"与"猛击"，而是使人感到球拍把球"推送"出去。较小的收拍动作及较长的跟进将使击出的球方向更准确，力量更强劲。

【易犯错误】击球点太靠后，造成击球困难；击球后球拍随挥不够，有弹击球的感觉。

【改进方法】反复强化正确的击球位置；在正确的击球位置自抛或由专人抛球，反复练习击球动作；反复模仿随挥动作；在每一次击球后，球拍运动到左肩结束。

四、反手击落地球

当判断对方的回球打到自己的反手方向时，应立即转换握拍方法，即由正拍握拍法转换成反拍握拍法。同时要立即向左转体、转肩，右脚同时向左前方跨步，左手扶住拍柄帮助右手将拍拉向身体之右后方，似乎是将拍抱在胸前。重心移向左脚，左膝微屈。右膝的弯曲程度从击球前踏开始就大于左膝，前挥时仍保持弯曲，直到随挥结束时才伸直。手腕紧扣，用转体和转肩的力量使重心前移，再加之前挥时小臂外展所产生的力同时作用在击球点上，于是产生了反手击球的爆发力。反手击球掌指关节对正的方向就是球飞进的方向。击球时右臂呈外展动作，网拍和手臂都要充分伸展，使网拍的打势结束在身体的右前上方。

【易犯错误】击球过晚或击球点太靠后，造成击球困难；拉拍时转体不够；拉拍过程中，球拍离身体过远。

【改进方法】练习时，在击球瞬间停住检查出球点；击球引拍要积极；反复练习引拍转体动作；由教师击球到练习者左侧，迫使其转身去追击来球；在拉拍结束时，拍柄要触及身体；拉拍时，持拍手的异侧手拉拍迫使其靠近身体。

五、发球技术

发球的技术结构包括握拍持球、发球站位、抛球、挥拍击球。

1. 握拍持球

一般采用大陆式握拍法或东方式反手握拍法。正确的握拍法便于头顶上方各个位置有力击球，给手腕更大的自由去控制拍面与球的接触角度。

2. 发球站位

在单打比赛中，运动员发球一般站立在端线后离中点 1 米以内的地段。中点向后假想延长线与边线假想延长线之间的区域内，越出这个区域就是脚误犯规。发球时在拍与球接触前，后脚不能提前进入场区。

发球的基本类型有侧旋球、平击球、强烈旋转球三种，其中最常用的是侧旋球。

3. 抛球

抛球时，抛球的左手用食指、拇指和中指指尖把球夹住。发球时，随着右手的收拍，左手向上抛球，当抬至高于头顶时，三个手指自然松开，让球垂直上升。抛球应抛入固定的空间点，抛入挥拍的轨迹中。

4. 挥拍击球

持球的左手抬高的同时，握拍的右手向右运动，身体及腰部向右后扭转，两膝自然弯曲如同压紧的弹簧。

当抛出的球快进入击球点时，右臂迅速向前上方挥动，上体随之向上运动，腰伸直，两腿绷直，三关节充分伸展开。拍头运动成圆弧状，在达到最高点击球。拍头画的圆弧越大，挥拍的动作完成得越好，则击球越有力。

【易犯错误】抛球点不准确，抛球不稳定；击球时身体前倾过度，球拍下压太多，球下网；击球时身体后仰过大，球拍拍面下压不够，球下网。

【改进方法】反复进行抛球练习；用手向上推送球，而不要扔球；调整抛球，将球抛后些，在合适的击球点击球；注意手腕向前；将球向前抛些，在合适的击球点击球；注意手腕下压。

六、上网截击技术

截击是指对方来球未着地之前就加以回击。

1. 击球时手腕固定

因为来球快、力量大，手腕固定才能控制好拍面击球角度，控制回球方向。击球时右肩要对着网，拍头与地面约呈45°，拍面与地面垂直，固定手腕，利用手臂和身体的力量使拍挡住来球的冲击。

2. "碰"与"推"的成分多于"击"

上网截击主要是借助于来球的回弹，不同于底线击球。收拍的动作小，线路也短，碰击后跟进动作也小，身体重心低。对慢的来球只要稍加用力碰击即可，对快的来球，则需使拍面稍向上，做托盘运动，以减慢回球的速度，让对方赶不上击球。

上网截击需要判断准确，动作敏捷，思想必须高度集中，身体重心低，保持前倾，前脚掌着地，使眼睛、网、来球和拍头保持在同一水平上，这对判断来球的方向及高度有利。

【易犯错误】向后拉拍过大；网前站立腿过直。

【改进方法】建立正确的截击球引拍技术概念；背靠墙、挡网反复练习截击球技术的模仿动作；膝关节弯曲，反复练习左右、前后移动；网前站立，提踵，双脚不停地移动。

七、反弹球技术

反弹球是在来球落地后刚刚弹起上升的瞬间，立刻击球。击球点有时离地面仅仅15厘米。这种击球法是网球所有击球法中最困难的一种。

1. 反弹球的动作

反弹球动作与正反手击落地球是一样的，但身体重心要更低些，膝关节弯曲，后摆收拍动作要小，挥拍时拍柄与地面基本上平行，由身体的下蹲程度来确定击球点的高低。

2. 击球时手腕要固定

拍面由下而上垂直提起，当来球速度很快，力量很大时，可以采用推击反弹球，拍面稍微向下倾斜，球拍顺着回球轨迹推挡，利用反弹力把球击向对方空场区域。

3. 跑动中的反弹球技术

在跑动中击反弹球时，拍头要低于手腕。击球时不要让拍面向上"铲球"，击球后不要使球拍突然挥得太高。

第三节　网球基本战术

战术是指在比赛中经常运用的手段，是对战略思想的具体实施办法。在临场比赛时，根据对手的情况灵活运用一定的战术，会取得一定成效。这里仅从一般情况对战术的运用加以介绍。

一、发球战术

1. 右区发球

站在右区发球时，第一发球一般采用平击大力发球。站位靠近中点，发向对方右发球区中线附近，迫使对方用反手接发球。第一发球若失误，则第二发球一般采用侧旋球，发向对方发球区边线附近。利用侧旋球迫使对方离开场区接球，自己则可以占据场中有利位置等待回击。

2. 左区发球

站在左区发球时，第一发球有 90%的概率可以发到对方边线附近，即对方的反手边。左区发球的第二个目标是对方场区的中心线附近。这种发球的机会在比赛中大概占 10%，当对方为了接反手球而离中点较远时，可以突然采用平击大力发球，使对方不得不跑回场区中间用正手接球，这种发球具有突然性，往往可以直接得分。

二、接发球战术

1. 右区接发球

当对方在右区发球后仍留端线附近时，则回球可以把球击向对方端线的两角之一。应把球击向安全范围内，不要企图一下子把对方置于死地。

2. 左区接发球

当对方在左区发球后仍留在端线附近时，回球时则与应对右发球的办法一样，把球击到对方两底角之一，一般是击向对方场区左底角。

三、"对角线"战术

为了最大限度调动对方，消耗其体力，应该设法让对手做对角线跑动，使其在来回前后跑动中很难进行有力的反击。跑动次数多，身后的场区就容易露出空当，就会有争取得分的机会。

四、集中攻击对方反手战术

这种战术是针对反手较弱对手的。它是集中力量攻击对方反手，迫使对方逐步离开场区的位置。在攻击反手时，击球落点要深，力量及旋转性要适当加大，不能冒险把球击向离边线 60 厘米以内的地段。

五、调动对手战术

在实际比赛中，双方在许多时候都处于相持阶段，都在底线击球寻找进攻机会。这时往往使用大角度调动对手的战术，即轮流改变击球的方向，使对手左右跑动。有时在对方已经上网的情况下，为了最大限度地调动对方，应加强球的上旋，把球击向前场的两条边线附近。

六、击向相反方向战术

在比赛中可利用对手的判断错误或正处于跑动中，把球击向对手跑动的相反方向。

第四节　网球比赛的方法及规则简介

一、网球比赛的方法

网球比赛有单打和双打两种形式，正式比赛项目分为 7 项：男子团体、女子团体、男子单打、女子单打、男子双打、女子双打和男女混合双打。每场比赛男子一般采用 5 盘 3 胜制，女子采用 3 盘 2 胜制。"戴维斯杯"赛和四大网球公开赛的男子比赛均采用 5 盘 3 胜制。

网球比赛是用一种特殊的记分方法记录每场比赛的胜负。记录的最小单位是分，然后是局，最后是盘。每一局采用 0、15、30、40、平分和 Game 的记分方法。比赛时先得 1 分呼报 15，再得 1 分呼报 30，得第 3 分呼报 40，得第 4 分呼报 Game，即本局结果。如果比分为 40∶40 时，呼叫平分，一方必须再连得 2 分才算胜此局。比赛双方，谁先胜 6 局者为胜一盘。如果各胜 5 局，一方必须再连胜 2 局才能结束这一盘，这就是长盘制。为了控制比赛时间，近十几年普遍采用平局决胜制，即当局数为 6∶6 时，只再打一局来决胜负。在这一局中，谁先赢得 7 分者为胜这一盘，如果在此局打成 5∶5 平分，一方仍须连得 2 分才算胜此局，即胜此盘。

网球比赛时，运动员各占半个场区，发球一方先在端线中点的右区发球，球发到对方另一侧的发球区方为有效。每 1 分有两次发球机会，第一次发球出界或下网呼叫一次失误；第二次发球再失误呼叫双误，失 1 分。第 2 分换在左区发球，第 3 分再回到右区，如此轮换，直到本局结束，下一局改由对方发球。每 1、3、5、7、9 等单数局交换场地。每次发球为有效球后，双方来回击球，可在空中还击，也可落地一次后还击。

二、网球比赛的基本规则

1. 发球前

发球员应站在端线后，中点和边线的假定延长线之间的区域，用手将球向空中抛起，在球接触地面前用拍击球。

2. 发球时

发球员在整个动作中不得通过走或跑改变原站的位置；两脚只准站在规定的位置内，不得触及其他区域。发出的球应从网上越过，落在对角的对方发球区内或其周围的线上。

3. 发球员的位置

每局开始先从右区端线后发球，得或失 1 分后，应换到左区发球。

4. 发球失误

发球失误是指：未击中球；发出的球在落地前触及固定物（球网、中心带和网边白布除外）；违反上述发球站位的规定。发球员第一次发球失误后，应在原发球位置进行第二次发球。

5. 发球无效

发球无效包括：发球触网后仍然落到对方发球区内；接球员未做好接球准备。发球无效均应重发球。

6. 交换发球

第一局比赛结束，接球员换为发球员，发球员成为接球员。以后每局终了，均依次交换，直至比赛结束。

7. 交换场地

双方应在每盘的第 1、3、5 等单数局结束后，以及每盘结束后双方局数之和为单数时，或决胜局比分相加为 6 和 6 的倍数时，交换场地。

8. 失分

发生下列任何一种情况均判失分：在球第二次着地前未能还击过网；还击的球触及对方场区界线以外的地面、固定物或其他物件；还击空中球失败；故意用球拍触球超过一次。运动员的身体、球拍，在发球时触及球网；过网击球；抛拍击球。

9. 压线球

落在线上的球都算界内球。

10. 双打发球次序

每盘第一局开始时，由发球方决定由何人首先发球，对方则同样在第二局开始时决定由何人首先发球；第三局由第一局发球方的另一球员发球；第四局由第二局发球方的另一球员发球。以后各局均按此顺序发球。

11. 双打接球次序

先接球的一方，应在第一局开始时，决定何人先接发球，并在这盘双数局继续先接发球。他的同伴应在每局轮流接发球。

12. 双打还击

接发球后，双方应轮流由其中任何一名队员还击。如运动员在其同伴击球后，再以球拍触球，则判对方得分。

思考题

1. 打好网球有哪几个基本要求？试举一例说明。
2. 握拍法有哪几种？简述一种握拍法的动作要领。
3. 击球的动作结构由哪几部分组成？
4. 正手击落地球的几个技术环节是什么？
5. 发球的技术结构包括哪几部分？
6. 发球的基本类型有哪三种？
7. 上网截击的基本动作要求是什么？
8. 简述比赛中常用的三种战术，并举例说明。
9. 在比赛中如何调动对手？
10. 在比赛中出现何种情况应判为发球失分？
11. 网球正式比赛项目有哪几项？
12. 网球比赛对双打的接发球有何要求？

第十一章 橄 榄 球

第一节 橄榄球运动简介

　　橄榄球是球类运动的一种，盛行于英国、美国、加拿大、澳大利亚、新西兰、日本等国家，美式橄榄球为 11 人制，英式橄榄球为 15 人制。7 人制橄榄球是橄榄球运动的一种新兴玩法，场地、规则与传统橄榄球大致相同，但因人数少，比赛节奏较快而且平均得分较高，普遍受到欢迎，现为世界运动会的正式竞技项目。7 人制橄榄球已成为 2016 年第 31 届奥运会正式比赛项目。

　　橄榄球比赛场地长 160 码（1 码=0.9144 米），宽 75 码，两球门线相距 110 码，端线距球门线 25 码，两线之间为端区。球门两根门柱相距 18 英尺（1 英尺=0.3048 米）；横木离地面 10 英尺；球门柱高出横木 1 英尺以上。球为椭圆形，状似橄榄，球长 11～11.25 英寸（1 英寸=2.5400 厘米），纵周长 30～31 英寸，横周长 24～25 英寸，球重 13～15 盎司（1 盎司=28.3495 克）。

第二节 橄榄球的基本技术

　　比赛开始时在中线踢定位球开球。开球队的队员应站在中线后面，防守队的队员应站在本方 10 米线的后面；守方队员必须在开球队员将球踢过 10 米线之后，方能抢球。每次得分后，由对方在中线重新开球，继续比赛。规则规定，传球时，不得向前传，只能回传或横传。攻方队员超越持球队员接球时判越位，由对方队员在越位地点罚踢任意球。常用的传球方法是双手低手传球。持球队员受到对方冲抢或拦抱不能前进时，球必须立即撒手，不得再向同队队员传球。已被持球队员撒手的球，双方队员都可争抢。比赛中不得冲撞或阻挡不持球队员。对持球队员可以采用抓、抱、摔等方法阻碍其前进，并可进行合法冲撞，但只许以肩撞肩，不得冲撞胸前或背后。踢人、打人和绊人为重要犯规。犯规后由对方队员在犯规地点罚踢任意球。次要犯规则在犯规地点对阵争球。

第三节 橄榄球比赛规则

一、开球

　　比赛开始或得分后，按规则踢出的第一个球称为开球。
　　开球规定：每半场开始，由开球队员在中线中点处定踢；一方得分后，由另一方在中线中点处或在该点后方落踢。开球方的队员必须站在球的后方，对方队员必须站在本方半场的 10 米线后，所踢出的球要越过对方的 10 米线。
　　美式橄榄球开球规定为：每节开始或得分后，由开球方在场内本方 32 米中点上开球。可采用定踢或落踢。同队队员只能站在球的后方，对方队员必须站在距球 3.05 米远处，所踢出的球必须超过 3.05 米。

二、前抛和前拍

比赛中，队员只能向后或向侧面传球，不能向前传球，接球时不能向前掉落。前抛是指持球队员向对方阵线方向抛球。前拍是指当球碰触到手臂后，向对方阵线方向运行。但当队员踢球时，对方队员没有接球动作去封盖踢出的球，不属于前拍。

当比赛中出现前抛和前拍，或多人争抢球而球无法从人堆中显露出来时，裁判员将鸣哨停止比赛。双方将进行司克兰，双方各 3 名前锋队员相互搂抱，半蹲顶架在一起。由前抛或前拍队的对方或获得球权的队向司克兰中投球。投球队员将球投进司克兰后，双方队员互相顶推，中间的勾球队员用脚争抢球，将球向后勾出司克兰。投球队员绕到司克兰的后面将球拾取，或传球，或带球跑，比赛继续进行。

三、越位

越位是指队员处在不可参与比赛而且容易犯规的位置上。

1. 判定越位的规则

在比赛的一般状态下，无球的进攻队员处在带球者或踢球者的前方即为越位；在司克兰、冒尔、勒克及争边球时，队员若逗留或前进到特定的越位线前面时，即为越位，判给对方一次罚踢。

2. 美式橄榄球比赛判定越位的规则

每次对阵进攻，当球放在地上时，任何队员只要越过争球线，即为越位；踢任意球时，同队队员超过限制线也为越位，判犯规队后退 1.525 米。

四、罚踢

罚踢是指发生犯规后给予不犯规队的一种踢球。可采用任何一种踢球形式。可将球踢向任何方向，或将球踢出后再去获得球。还可向裁判员表示将罚踢改为攻踢球门。但射门必须采用定踢或落踢的形式。罚踢时，同队队员必须在球的后方，对方队员必须退到距球 10 米远且平行于球门线的地方或球门线上。

五、出界

球出界时由对方队员在球出界地点抛球入场。双方前锋队员在距边线 5~15 码，面对边线各排成一纵队，两队相距 2 英尺。当抛球队员抛球到他们头上时，双方队员跳起，3 人一组，两个人举起中间的人争球，争球时既可将球接住，也可将球拍击给本队队员。

六、得分

队员在对方得分区内持球触地，或队员射门时球从球门架横木之上及两球门柱之间穿过即为得分。

1. 英式橄榄球得分的形式

持球触地得 5 分，称为达阵。达阵后，得分队还可以在通过达阵点与球门线垂直的假想线上定踢射门一次，射中得 2 分；因一方犯规而获得的罚踢射门及在比赛进行中的落踢射门，射中得 3 分。

2. 美式橄榄球得分的形式

持球触地达阵得 6 分；达阵后定踢射门，射中得 1 分；比赛进行中射中得 3 分；在对方得分区内，把对方逼成死球，算作安全得分，得 2 分。

3. 7 人制橄榄球得分的形式

持球触地达阵，得 5 分；假如没有对方队员的暴行，某队员或许可能达阵得分时，在两球门柱之间判给惩罚达阵，得 5 分；达阵后，将给进攻队一次踢球射门的机会，来争取将球踢进球门得分，追加射门的地点是在赛场内通过压球触地的地点线上任选一点踢球，进球得3分；队员通过罚踢将球踢进球门得3分；落踢射门得3分；开球、自由踢、反攻踢射门不得分。

七、犯规

1. 暴行

暴行是某人在比赛场地内所做的违反比赛规则条文和精神的一切行为。暴行主要包括：用拳、头部、膝盖、肘关节等击打对方队员；故意践踏倒在地上的对方队员；用脚踢对方队员；用脚或腿绊对方队员；扑搂对方持球队员肩以上的部位，搂抱对方颈部和头部；扑搂跳跃在空中接球的对方队员；过早或过迟扑搂对方队员；跑到持球队员前面队员扑搂本方持球队员；当某队员和对方队员一起朝着球跑去争抢时除肩碰肩以外，不得推拉或撞击对方队员；多次重复犯规。

当出现上述犯规动作时，裁判员将判处罚踢。并对犯规队员进行口头警告，或出示黄牌，犯规队员暂时出场禁赛2分钟。或出示红牌，将犯规队员罚令出场。

2. 开球犯规

开球时，有踢球队队员移动到球的前面；踢球队踢出的球没有到达对方10米线；踢球队踢出的球直接飞出边线；踢球队踢出的球直接进入对方极阵并飞滚出死球线和极阵边线；踢球队踢出的球直接进入对方极阵，被对方压球触地。

当出现上述情况时，对方将在中线中点进行自由踢。技术动作开球以后，所有队员都可以接球、带球跑、传球、踢球、倒地扑球、扑捉、肩顶、扑搂对方持球队员、参加集团争抢球、压球触地等。

3. 7人制橄榄球罚踢和自由踢

罚踢和自由踢是因对方犯规而给予未犯规队一次踢球机会。队员可采用落踢或碰踢的方式踢球。在7人制比赛中，当队员执行罚踢和自由踢时，将球从手中轻轻地踢开，再将球接住。或将球放在地上，将球放在地上，将球踢出一段可见的距离，再将球拾起，重新发动进攻。

罚踢和自由踢时对双方队员的要求：①踢球队队员必须在球的后面；②对方队员迅速退到距离踢球地点10米以外；否则，踢球地点将向前推进10米。

罚踢时，踢球队可以要求射门，7人制橄榄球比赛必须采用落踢射门。

思考题

1. 橄榄球分为哪几种？
2. 简述7人制橄榄球的得分形式。

第三部分　传统体育部分

第十二章　初级长拳

第十三章　初级剑

第十四章　简化二十四式太极拳

第十二章 初级长拳

第一节 套路简介

这套初级长拳共有32个动作，包括：拳、掌、勾3种手形和弓、马、仆、虚、歇5种步型；冲、挑、架、推、劈、搂、栽、穿、亮、摆、舞花等手法；顶肘、盘肘等肘法；弹踢、蹬踢、震脚、侧踹等腿法；大跃步前穿和腾空飞脚等跳跃动作。从技法上看，既有进攻性招法，也有防守性招法，还有缠腕一类的拿法。整个套路集踢、打、拿为一体，动作舒展大方，长拳风格比较突出。

第二节 动作说明

一、起势

1. 并步站立

两脚并步站立，两臂垂于身体两侧，五指并拢贴靠腿外侧，眼向前平视（图12-1）。

要点：头要端正，颔微收，挺胸、塌腰、收腹。

2. 虚步亮掌

（1）右脚向右后方撤步成左弓步。右掌向右、向上、向前画弧，掌心向上；左臂屈肘，左掌提至腰侧，掌心向上。目视右掌（图12-2）。

（2）右腿微屈，重心后移。左掌经胸前从右臂上向前穿出伸直；右臂屈肘，右掌收至腰侧，掌心向上。目视左掌（图12-3）。

（3）重心继续后移，左脚稍向右移，脚尖点地，成左虚步。

左臂内旋向左、向后画弧成勾手，勾尖向上；右手继续向后、向右、向前上画弧；屈肘抖腕，在头前上方成亮掌（横掌），手心向前，掌指向左。目视左方（图12-4）。

要点：三个动作必须连贯；成虚步时，重心落于右腿上，右大腿与地面平行；左腿微屈，脚尖点地。

| 图12-1 | 图12-2 | 图12-3 | 图12-4 |

3. 并步对拳

（1）右腿蹬直，左腿提膝，脚尖里扣，上肢姿势不变（图12-5）。

（2）左脚向前落步，重心前移。左臂屈肘，左勾手变掌经左肋前伸；右臂外旋向前下落于左掌右侧，两掌同高，掌心均向上（图12-6）。

（3）右脚向前上一步，两臂下垂后摆（图12-7）。

（4）左脚向右脚并步，两臂向外向上经胸前屈肘下按，两掌变拳，拳心向下，停于小腹前。目视左侧（图12-8）。

要点：并步后挺胸、塌腰；对拳、并步、转头要同时完成。

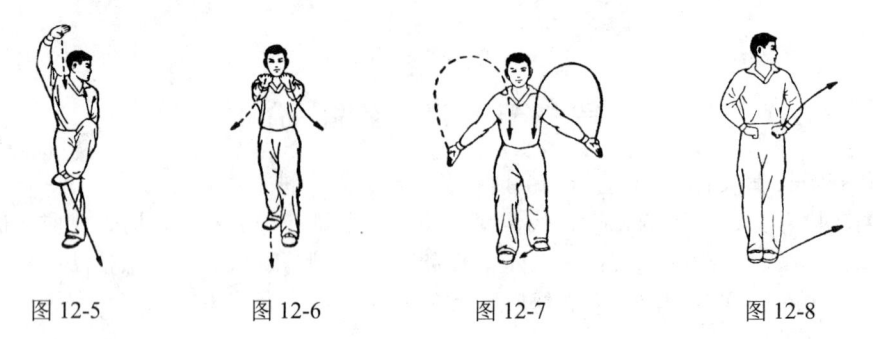

图12-5　　　　图12-6　　　　图12-7　　　　图12-8

二、第一段

1. 弓步冲拳

（1）左脚向左上一步，脚尖向斜前方；右腿微屈，成半马步。左臂向上、向左格打，拳眼向后，拳与肩同高；右拳收至腰侧，拳心向上。目视左拳（图12-9）。

（2）右腿蹬直成左弓步。左拳收至腰侧，拳心向上；右拳向前冲出，高与肩平，拳眼向上。目视右拳（图12-10）。

要点：成弓步时，右腿充分蹬直，脚跟不要离地；冲拳时，尽量转腰顺肩。

2. 弹腿冲拳

重心前移至左腿，右腿屈膝提起，脚面绷直，猛力向前弹出伸直，高与腰平。右拳收至腰侧；左拳向前冲出。目视前方（图12-11）。

要点：支撑腿可微屈，弹出的腿要用爆发力，力点达于脚尖。

图12-9　　　　图12-10　　　　图12-11

3. 马步冲拳

右脚向前落步，脚尖里扣，上体左转。左拳收至腰侧，两腿下蹲成马步；右拳向前冲出。目视右拳（图12-12）。

要点：成马步时，大腿要平，两脚平行，脚跟外蹬，挺胸、塌腰。

4. 弓步冲拳

（1）上体右转90°，右脚尖外撇向斜前方，成半马步。右臂屈肘向右格打，拳眼向后。目视右拳（图12-13）。

（2）左腿蹬直成右弓步。右拳收至腰侧；左拳向前冲出。目视左拳（图12-14）。

要点：与本节的弓步冲拳相同，唯左右相反。

5. 弹腿冲拳

重心前移至右腿，左腿屈膝提起，脚面绷直，猛力向前弹出伸直，高与腰平。左拳收至腰侧，右拳向前冲出。目视前方（图12-15）。

要点：与本节的弹腿冲拳相同。

图12-12　　　图12-13　　　图12-14　　　图12-15

6. 大跃步前穿

（1）左腿屈膝。右拳变掌内旋，以手背向下挂至左膝外侧，上体前倾。目视右手（图12-16）。

（2）左脚向前落步，两腿微屈。右掌继续向后挂，左拳变掌，向后、向下伸直。目视右掌（图12-17）。

（3）右腿屈膝向前提起，左腿立即猛力蹬地向前跃出。两掌向前、向上画弧摆起。目视左掌（图12-18）。

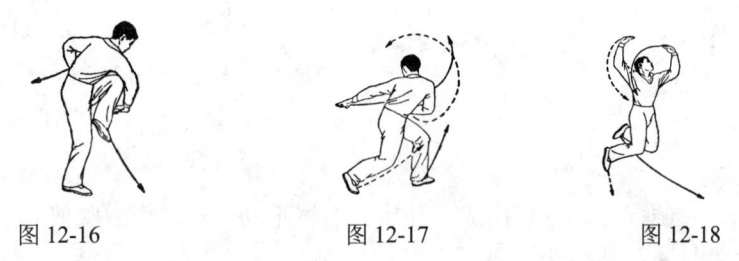

图12-16　　　图12-17　　　图12-18

（4）右腿落地全蹲，左腿随即落地向前铲出成仆步。右掌变拳抱于腰侧，左掌由上向右、向下画弧成立掌，停于右胸前。目视左脚（图12-19）。

要点：跃步要远，落地要轻，落地后立即接做下一个动作。

7. 弓步击掌

右腿猛力蹬直成左弓步。左掌经左脚面向后画弧至身后成勾手，左臂伸直，勾尖向上；右拳由腰侧变掌向前推出，掌指向上，掌外侧向前，目视右掌（图12-20）。

要点：推掌、勾手要与弓步形成完整一致；左手向后上勾出不要挟上臂；不要弓腰突臀、上体前倾。

8. 马步架掌

（1）重心移至两腿中间，左脚脚尖里扣成马步，上体右转。右臂向左侧平摆，稍屈肘；同时左勾手变掌由后经左腰侧从右臂内向前上穿出，掌心均朝上。目视左手（图12-21）。

（2）右掌立于左胸前；左臂向左上屈肘抖腕亮掌于头部左上方，掌心向前。目右转视（图12-22）。

图12-19　　　图12-20　　　图12-21　　　图12-22

091

三、第二段

1. 虚步栽拳

（1）右脚蹬地，屈膝提起；左腿伸直，以前脚掌为轴向右后转体180°。右掌由左胸前向下经右腿外侧向后画弧成勾手；左臂随体转动并外旋，使掌心朝右。目视右手（图12-23）。

（2）右脚向右落地，重心移至右腿上，下蹲成左虚步。左掌变拳下落于左膝上，拳眼向里，掌心向后；右勾手变拳；屈肘向上架于头右上方，拳心向前。目视左方（图12-24）。

要点：右手勾挂要贴近右膝外侧；虚步右腿要蹲成水平。

2. 提膝穿掌

（1）右腿稍伸直。右拳变掌收至腰侧，掌心向上；左拳变掌由下向左、向上画弧盖压于头上方，掌心向前（图12-25）。

（2）右腿蹬直，左腿屈膝提起，脚尖内扣。右掌从腰侧经左臂内向右前上方穿出，掌心向上；左掌收至右胸前成立掌。目视右掌（图12-26）。

要点：支撑腿与右臂充分伸直。

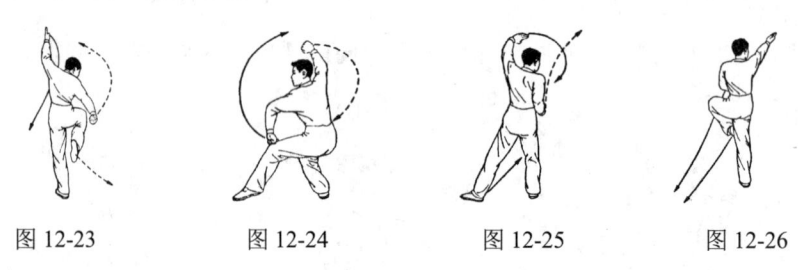

图12-23　　图12-24　　图12-25　　图12-26

3. 仆步穿掌

右腿全蹲，左腿向左后方铲出成左仆步。右臂不动，左掌由右胸前向下经左腿内侧，向左脚面穿出。目随左掌转视（图12-27）。

要点：穿掌时两臂要基本成一条线，切记右臂不可下垂；仆步左脚尖要向内扣紧。

4. 虚步挑掌

（1）右腿蹬直，重心前移至左腿，成左弓步。右掌稍下降，左掌随重心前移向前挑起（图12-28）。

（2）右脚向左前方上步，左腿半蹲，成右虚步。身体随上步左转180°。在右脚上步的同时，左掌由前向上、向后画弧成立掌，右掌由后向下、向前上挑起成立掌，指尖与眼平。目视右掌（图12-29）。

要点：上步要快，虚步要稳。

5. 马步击掌

（1）右脚落实，脚尖外撇，重心稍升高并右移，左掌变拳收至腰侧；右掌俯掌向外捋手（图12-30）。

（2）左脚向前上一步，以右脚为轴向右后转体180°，两腿下蹲成马步。左掌从右臂上成立掌向左侧击出；右掌变拳收至腰侧。目视左掌（图12-31）。

图12-27　　图12-28　　图12-29　　图12-30　　图12-31

要点：右手做搂手时，先使臂稍内旋、腕伸直，手掌向下、向外转，接着臂外旋，掌心经下向上翻转，同时抓握成拳；收拳和击掌动作要同时进行。

6. 叉步双摆掌

（1）重心稍右移，同时两掌向下、向右摆，掌指均向上。目视右掌（图12-32）。

（2）右脚向左腿后插步，前脚掌着地。两臂继续由右向上、向左摆，停于身体左侧，均成立掌，右掌停于左肘窝处。目随双掌转视（图12-33）。

要点：两臂要画立圆，幅度要大，摆掌与后插步配合一致。

7. 弓步击掌

（1）两腿不动。左掌收至腰侧，掌心向上；右掌向上、向右画弧，掌心向下（图12-34）。

（2）左腿后撤一步，成右弓步。右掌向下、向后伸直摆动，成勾手，勾尖向上；左掌成立掌向前推出。目视左掌（图12-35）。

要点：击左掌、右勾手与后撤左步、蹬腿成弓步要完整一致。

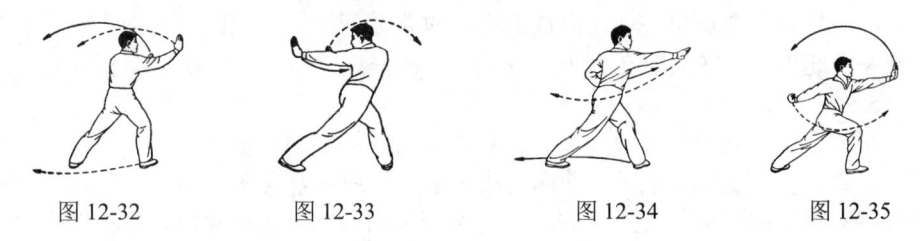

图 12-32　　　图 12-33　　　图 12-34　　　图 12-35

8. 转身踢腿马步盘肘

（1）两脚以前脚掌为轴向左后转体180°。在转体的同时，左臂向上、向前画半立圆，右臂向下、向后画半圆（图12-36）。

（2）上动不停，两脚不动，右臂由后向上、向前画半立圆，左臂由前向下、向后画半立圆（图12-37）。

（3）上动不停，右臂向下成反臂勾手，勾尖向上；左臂向上成亮掌，掌心向前上方。右腿伸直，脚尖勾起，向额前踢（图12-38）。

（4）右脚向前落地，脚尖里扣。右手不动，左臂屈肘下落至胸前，左掌心向下。目视左掌（图12-39）。

（5）上体左转90°，两腿下蹲成马步。同时左掌向前、向左平搂变拳收至腰侧，右勾手变拳，右臂伸直，由体后向右、向前平摆，至体前时屈肘，肘尖向前，高与肩平，拳心向下。目视肘尖（图12-40）。

要点：两臂抡动时要画立圆，动作连贯；盘肘时要快速有力，右肩前顺。

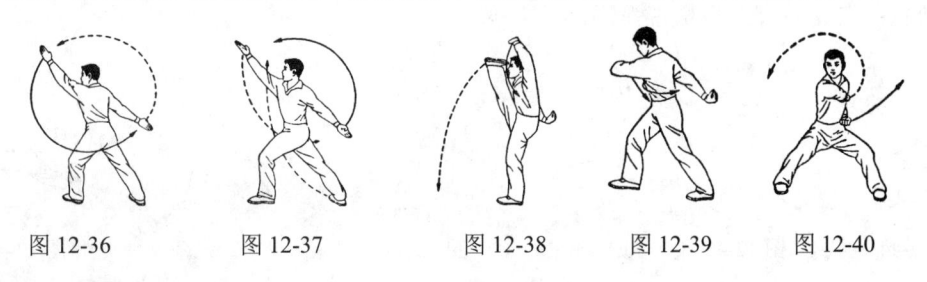

图 12-36　　　图 12-37　　　图 12-38　　　图 12-39　　　图 12-40

四、第三段

1. 歇步抡砸拳

（1）重心稍升高，右脚尖外撇。右臂由胸前向上、向右抡直；左拳向下、向左，使臂

093

抡直。目视右拳（图12-41）。

（2）上动不停，两脚以前脚掌为轴，向右后转体180°。右臂向下、向后抡摆，左臂向上、向前随身体转动（图12-42）。

（3）紧接上动，两腿全蹲成歇步。左臂随身体下蹲向下平砸，拳心向上，臂部微屈；右臂伸直向上举起。目视左拳（图12-43）。

图12-41　　　　　　图12-42　　　　　　图12-43

要点：抡臂动作要连贯完成，画成立圆；歇步要两腿交叉全蹲，左腿大、小腿靠紧，臀部贴于左小腿外侧，膝关节在右小腿外侧，脚跟提起；右脚尖外撇，全脚着地。

2. 仆步亮掌

（1）左脚由右腿后抽出前上一步，左腿蹬直，右腿半蹲，成右弓步。上体微向右转。左拳收至腰侧，右拳变掌向下经胸前向右横击掌。目视右掌（图12-44）。

（2）右脚蹬地屈膝提起，上体右转。左拳变掌从右掌上向前穿出，掌心向上；右掌平收至左肘下（图12-45）。

（3）右脚向右落步，屈膝全蹲，左腿伸直，成仆步。左掌向下、向后画弧成勾手，勾尖向上；右掌向右、向上画弧微屈，抖腕成亮掌，掌心向前。头随右手转动，至亮掌时，目视左方（图12-46）。

要点：仆步时，左腿充分伸直，脚尖里扣，右腿全蹲，两脚脚掌全部着地；上体挺胸塌腰，稍左转。

3. 弓步劈拳

（1）右腿蹬地立起；左腿收回并向左前方上步。右掌变拳收至腰侧，左勾手变掌由下向前上经胸前向左做搂手（图12-47）。

（2）右腿经左腿前方向左绕上一步，左腿蹬直成右弓步。左手向左平搂后再向前挥摆，虎口朝前（图12-48）。

（3）在左手平搂的同时，右拳向后平摆，然后再向前、向上做抡劈拳，拳高与耳平，拳心向上，左掌外旋接扶右前臂。目视右拳（图12-49）。

要点：左、右脚上步稍带弧形。

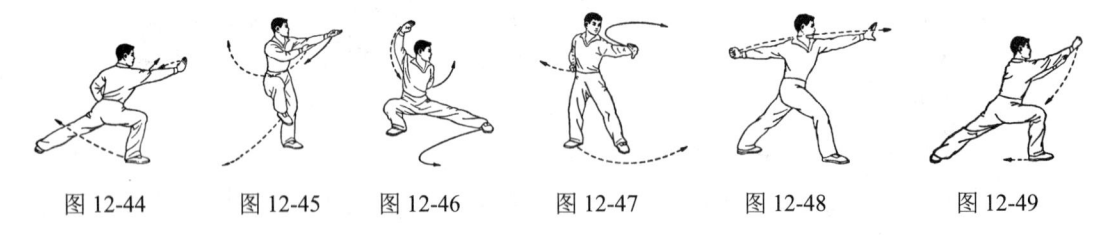

图12-44　　图12-45　　图12-46　　图12-47　　图12-48　　图12-49

4. 换跳步弓步冲拳

（1）重心后移，右脚稍向后移动。右拳变掌，臂内旋，以掌背向下画弧挂至右膝内侧；左掌背贴靠右肘外侧，掌指向前。目视右掌（图12-50）。

（2）右腿自然上抬，上体稍向左扭转。右掌挂至体左侧，左掌伸向右腋下。目随右掌转视（图12-51）。

（3）右脚以全脚掌用力向下震跺，与此同时，左脚急速离地抬起。右手由左向上、向前掳盖而后变拳收至腰侧；左掌伸直向下、向上、向前屈肘下按，掌心向下。上体右转。目视左掌（图12-52）。

（4）左脚向前落步，右腿蹬直成左弓步。右拳向前冲出，拳高与肩平；左掌藏于右腋下，掌背贴靠腋窝。目视右掌（图12-53）。

要点：换跳步动作要连贯、协调；震脚时腿要弯屈，全脚掌着地，左脚离地不要高。

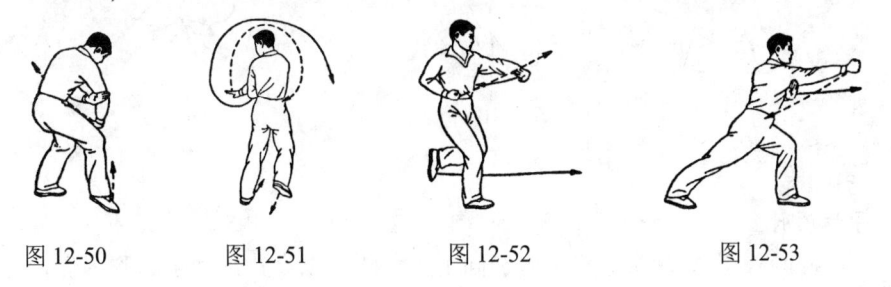

图12-50　　　　图12-51　　　　图12-52　　　　图12-53

5. 马步冲拳

上体右转90°，重心移至两腿中间，成马步。右拳收至腰侧，左掌变拳向左冲出，拳眼向上。目视左拳（图12-54）。

6. 弓步下冲拳

右脚蹬直，左腿弯屈，上体稍向左转，成左弓步。左拳变掌向下经体前向上架于头左上方，掌心向上，右拳自腰侧向左前斜下方冲出。目视右拳（图12-55）。

7. 叉步亮掌侧踹腿

（1）上体稍右转。左掌由头上下落于右手腕上，右拳变掌，两手交叉成十字。目视双手（图12-56）。

（2）右脚蹬地并向左腿后插步，以前脚掌着地。左掌由体前向下向后画弧成勾手，勾尖向上；右掌由前向右向上画弧抖腕亮掌，掌心向前。目视左侧（图12-57）。

（3）重心移至右腿，左腿屈膝提起，向左上方猛力蹬出。上肢姿势不变。目视左侧（图12-58）。

要点：插步时上体稍向右倾斜，腿、臂的动作要一致；侧踹高度不能低于腰，大腿内旋，着力点在脚跟。

图12-54　　　　图12-55　　　　图12-56　　　　图12-57　　　　图12-58

8. 虚步挑拳

（1）左脚在左侧落地。右掌变拳稍后移，左勾手变拳由体后向左上挑，拳背向上（图12-59）。

（2）上体左转180°，微含胸前俯。左拳继续向前向上画弧上挑，右拳向下向前画弧挂至右膝外侧，同时左膝提起。目视右拳（图12-60）。

（3）右脚向左前方上步，脚尖点地，重心落于左脚，左腿下蹲成右虚步。左拳向后画弧收至腰侧，掌心向上；右拳向前屈臂挑出，拳眼斜向上，拳与肩同高。目视右拳（图12-61）。

图 12-59　　　　　图 12-60 　　　　　图 12-61

五、第四段

1. 弓步顶肘

（1）重心升高，右脚踏实。右臂内旋向下直臂画弧以拳背下挂至右膝内侧，左拳不变。目视前下方（图12-62）。

（2）左腿蹬直，右腿屈膝上抬。左拳变掌，右拳不变，两臂向前向上画弧摆起。目随右拳转视（图12-63）。

（3）左脚蹬地起跳，身体腾空，两臂继续画弧至头上方（图12-64）。

（4）右脚先落地，右腿屈膝，左脚向前落步，以前脚掌着地。同时两臂向右向下屈肘停于右胸前，右拳变掌，左掌变拳。右掌心贴靠左拳面（图12-65）。

（5）左脚向左上一步，左腿屈膝，右腿蹬直成左弓步。右掌推左拳，以左肘尖向左顶出，高与肩平。目视前方（图12-66）。

图 12-62　　图 12-63　　图 12-64　　图 12-65　　图 12-66

2. 转身左拍脚

（1）以两脚前脚掌为轴向右后转体180°。随着转体，右臂向右、向上、向下画弧抡臂，同时左拳变掌，向下、向后、向前上抡摆（图12-67）。

（2）左腿伸直向前上踢起，脚面绷平。左掌变拳收至腰侧，右掌由体后向上向前拍击左脚面（图12-68）。

要点：右掌拍脚时手掌稍横过来，拍脚要准而响亮。

3. 右拍脚

（1）左脚向前落地，左拳变掌向下向后摆，右掌变拳收至腰侧（图12-69）。

（2）右腿伸直向前上踢起，脚面绷平。左拳变掌由后向上向前拍击右脚面（图12-70）。

要点：与本节的转身左拍脚相同。

4. 腾空飞脚
(1) 右脚落地（图12-71）。
(2) 左脚向前摆起，右脚猛力蹬地跳起，左腿屈膝继续前上摆。同时右拳变掌向前向上摆起，左掌先上摆而后下降拍击右掌背（图12-72）。
(3) 右腿继续上摆，脚面绷平。右掌拍击右脚面，左掌由体前向后上举（图12-73）。
要点：蹬地要向上，不要太向前冲，左膝尽量上提；击响要在腾空时完成，右臂伸直成水平。

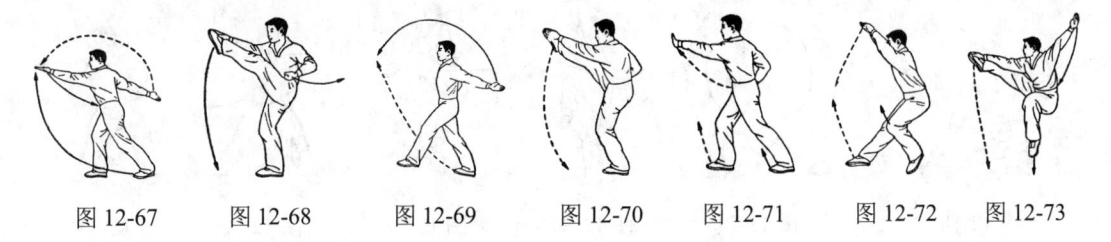

图12-67　图12-68　图12-69　图12-70　图12-71　图12-72　图12-73

5. 歇步下冲拳
(1) 左、右脚先后相继落地。左掌变拳收至腰侧（图12-74）。
(2) 身体右转90°，两腿全蹲成歇步。右掌抓握、外旋变拳收至腰侧；左拳由腰侧向前下方冲出，拳心向下。目视左拳（图12-75）。
要点：歇步要稳，冲拳要脆。

6. 仆步抡劈拳
(1) 重心升高，右臂由腰侧向体后伸直，左臂随身体重心升高向上摆起（图12-76）。
(2) 以右脚前脚掌为轴，左腿屈膝提起，上体左转270°。左拳由前向后下画立圆一周；右拳由后向下向前上画立圆一周（图12-77）。

图12-74　　　图12-75　　　图12-76　　　图12-77

(3) 左腿向后落一步，屈膝全蹲，右腿伸直，脚尖里扣成右仆步。右拳由上向下抡劈，拳眼向上；左拳后上举，拳眼向上。目视右拳（图12-78）。
要点：抡臂时一定要画立圆。

7. 提膝挑掌
(1) 重心前移成右弓步。同时右拳变掌由下向上抡摆，左拳变掌稍下落，右掌心向左，左掌心向右（图12-79）。
(2) 左、右臂在垂直面上由前向后各画立圆一周。右臂伸直停于头上，掌心向左，掌指向上；左臂伸直停于身后成反勾手。同时右腿屈膝提起，左腿挺膝伸直独立。目视前方（图12-80）。
要点：抡臂时要画立圆。

8. 提膝劈掌弓步冲拳
(1) 下肢不动。右掌由上向下猛劈伸直，停于右小腿内侧，用力点在小指一侧，左勾手变掌,屈臂向前停于右上臂内侧,掌心向左。目视右掌(图12-81)。

(2)右脚向右后落地;身体右转 90°。同时左掌变拳收至腰侧,右臂内旋向右画弧做捋手(图12-82)。

(3)上动不停,左腿蹬直成右弓步。右手抓握变拳收至腰侧,左拳由腰侧向左前方冲出。目视左拳(图12-83)。

要点:提膝劈掌重心要稳,捋手冲拳劲力要足。

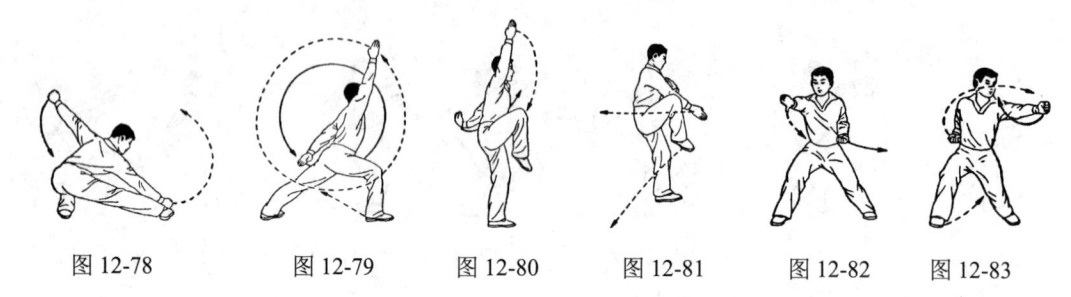

图12-78　　　图12-79　　　图12-80　　　图12-81　　　图12-82　　　图12-83

六、收势

1. 虚步亮掌

(1)右脚扣于左膝后,两拳变掌,两臂右上左下屈肘交叉于体左前。目视右掌(图12-84)。

(2)右脚向右后落步,重心后移,右腿半蹲,上体稍右转。同时右掌向上、向右、向下画弧停于左腋下;左掌向左、向上画弧停于右臂上与左胸前,两掌心左下右上。目视左掌(图12-85)。

(3)左脚尖稍向右移,右腿下蹲成左虚步。左臂伸直向左。向后画弧成反勾手;右臂伸直向下、向右、向上画弧抖腕亮掌,掌心向前。目视左方(图12-86)。

教法提示:扣腿时做舞花手;右脚后落时两臂分摆(右臂向后);勾手亮掌与虚步同时完成。以上三个部分在教学中可以分解进行。

2. 并步对拳

(1)左腿后撤一步,同时两掌从两腰侧向前穿出伸直,掌心向上(图12-87)。

(2)右腿后撤一步,同时两臂分别向体后下摆(图12-88)。

(3)左脚后退半步向右脚并拢。两臂由后向上经体前屈臂下按,两掌变拳,停于腹前,拳心向下,拳面相对。目视左方(图12-89)。

要点:并步后挺胸、塌腰;对拳、并步、转头要同时完成。

3. 并步站立

两臂自然下垂,目视正前方(图12-90)。

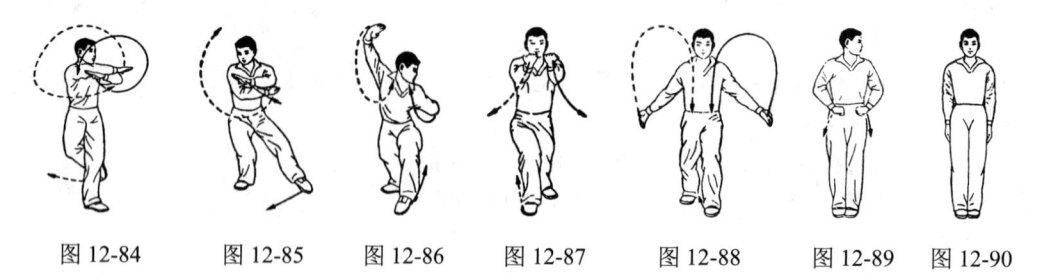

图12-84　　　图12-85　　　图12-86　　　图12-87　　　图12-88　　　图12-89　　　图12-90

第十三章 初 级 剑

第一节 套路简介

这套剑术原名为"初级剑",全套除预备式和结束动作外共有 4 段 32 个动作,内容包括:弓、虚、仆、歇、坐盘等步型;刺、斩、截、点、崩等剑法。剑法明快清晰,动作流畅大方,衔接合理。练习时要求灵活轻快,身剑合一,飘洒优美,富于韵律感。

第二节 动作说明

一、预备式

身体正直,并步站立。左手持剑:以拇指为一侧,中指、无名指和小指为另一侧,分握护手盘与剑柄的分界处,掌心贴在护手盘下部,手背朝前,食指贴于剑柄,剑身贴于前臂(小臂)后侧。右手握成剑指:食指和中指伸直并拢,无名指和小指屈向手心,拇指压在无名指的指甲上,手腕反屈,手背朝上,食、中指内扣指向左下侧。两臂在体侧下垂,两肘微上提。目向左平视(图 13-1)。

要点:持剑时,前臂与剑身要紧贴并垂直于地面;两肩松沉,上身微挺胸、收腹,两膝挺直。

1. 预备式一

(1) 上身半面向左转,右脚向右上一步、屈膝;左脚向前脚掌碾地,脚跟外展,膝盖挺直,成右弓步,在右脚上步的同时,右手剑指从身体右侧经胸前屈肘上,至左肩后向右前方平伸指出,拇指一侧在上。目视剑指(图 13-2)。

(2) 上身右转。左手持剑由左侧直臂上举,经头部前上方略右侧画弧,至身前时,拇指一侧朝下做反臂平举;同时,右手剑指屈肘收于右腰侧,手心朝上(图 13-3)。

(3) 左脚向右脚并步。左手持剑随之下落,垂于身体左侧;同时,右手剑指向右侧平伸指出,拇指一侧在上。目视剑指(图 13-4)。

图 13-1　　图 13-2　　图 13-3　　图 13-4

要点:①上述的上步剑指平伸、转体持剑向右侧画弧和并步剑指平伸三个分解动作,连贯起来做;②动作过程中,两肩必须放松;③持剑转体向右侧画弧时,左臂直臂上举,腰向右拧转,两脚不可移动;④左臂向右侧画弧至与肩同高时,肘略屈,使右手剑指从左手背上穿出成立指，左手持剑继而下落于身体左侧，剑身垂直于地面。

2. 预备式二

（1）左脚向左上一步、屈膝；右脚前脚掌碾地使脚跟外展，膝部挺直，成左弓步。上身随之向左转。在左脚上步的同时，左手持剑屈肘经胸前向上、向前弧形绕环，平举于身体左侧，拇指一侧在下（图13-5）。

（2）左腿伸直站立，右脚向前并步。左手持剑随之从身前下落，垂于身体左侧；同时，右手剑指屈肘沿右耳侧向前平伸指出，拇指一侧在上。目视剑指（图13-6）。

要点：右手剑指向前指出时，肘要伸直，剑指尖稍高过肩。

3. 预备式三

（1）左手持剑由右手剑指上面向前平伸穿出，拇指一侧在下；右手剑指顺左臂下面屈肘收于左肩前，并且屈腕使手指朝上。上身右转，右脚向右侧跨步、屈膝；左脚脚尖随之里扣，膝盖挺直，成右弓步。目向左平视（图13-7）。

（2）上身右转，右手剑指经身前向右侧平伸指出，拇指一侧在上。目视剑指（图13-8）。

要点：成右弓步时，左腿要挺直；两脚的全脚掌均着地；上身略向前倾，挺胸、塌腰；左手持剑伸平，左肩放松。

4. 预备式四

右脚的前脚掌里扣，上身左转，重心落于右腿；左脚随之移回半步、屈膝，并以前脚掌虚着地面，成左虚步。在左脚移步的同时，左手持剑向胸前屈肘，手心朝外；右手剑指也向胸前屈肘，手心朝里，准备接握左手之剑。目视剑尖（图13-9）。

图13-5　　图13-6　　图13-7　　图13-8　　图13-9

要点：做左虚步时，右实左虚要分明，右脚跟不要掀起；上身要挺胸、塌腰，并稍前倾；两肘要平；剑尖稍高于左肘。

二、第一段

1. 弓步直刺

右手接握左手之剑，左手握成剑指。左脚向前上半步、屈膝，右脚前脚掌碾地，脚跟外展，膝部挺直，成左弓步。同时，上身左转，右手持剑向身前平伸直刺，拇指一侧在上，左手剑指随之伸向身后平举，拇指一侧在上。目视剑尖（图13-10）。

要点：做弓步时，前腿屈膝蹲平，两脚的全脚掌全部着地。上身稍向前倾，腰要向左拧转、下塌，臀部不要凸起。两肩松沉，右肩前顺，左肩后引。剑尖稍高于肩。

2. 回身后劈

左脚不动，膝部伸直；右脚向前上一步，膝略屈，上身右转。同时，右手持剑经上向后劈，剑高与肩平，拇指一侧在上；左手剑指随之由下向前上弧形绕环，在头顶上方屈肘侧举，拇指一侧在下。目视剑尖（图13-11）。

要点：上步、转身、平劈和剑指向上侧举必须协调一致。转身后，腰要向右拧转，左脚不要移动。剑身和持剑臂必须成直线。

3. 弓步平抹

左脚向左前方上一步、屈膝；右腿在后，膝部挺直，脚尖里扣，成左弓步。同时，左手剑指由胸前下降，经左下向上弧形绕环，在头顶上方屈肘侧举，拇指一侧在下，右手持剑（手心转向上）随之向前平抹，剑尖稍向右斜。目视前方（图13-12）。

要点：抹剑时，手腕用力须柔和。

图13-10　　　　　　图13-11　　　　　　图13-12

4. 弓步左撩

（1）上身左转，右腿屈膝在身前提起，脚尖下垂，脚背绷直。同时，右手持剑臂外旋使剑由胸前向上、向后画弧，至后方时屈肘使手腕、前臂贴靠腹部，手心朝里；左手剑指随之由头顶上方下落，附于右手腕部（手心朝下）。目视剑身（图13-13）。

（2）右腿继续向右前方落步、屈膝；左腿在后蹬直，脚尖里扣，成右弓步。同时，右手持剑由后向下、向前反手撩起，小指一侧在上；左手剑指随右手运动，仍附于右手腕处。目视剑尖（图13-14）。

要点：剑由前向后和由后向前弧形撩起时，必须与提膝和向前落步的动作协调一致，握剑不可太紧；形成弓步后，上身略向前倾，直背、收臀，剑尖稍低于剑指。

5. 提膝平刺

左脚向前上一步，右手手腕向左上翻转、屈肘，使剑向左平绕至头部前上方，右脚随之由后向身前屈膝提起。右手继续翻转手腕，使剑向右平绕至右方后（手心朝上），再用力向前平斩；左手剑指由下向左、向上弧形绕环，屈肘横举于头部左上方。目视前方（图13-15）。

要点：剑从左向后平绕时，上身必须后仰，使剑从脸部上方平绕而过，不可从头顶绕行；提膝时，左腿必须挺膝伸直站稳，右腿屈膝尽量上提，右脚贴护裆前，上身稍向前倾，挺胸、收腹。

图13-13　　　　　　图13-14　　　　　　图13-15

6. 回身下刺

右脚向前落步，脚尖外撇，膝略屈，上身右转。同时，右手持剑手腕反屈，使剑尖下垂，随之向后下方直刺，剑尖低于膝，拇指一侧在上；左手剑指先向身前的右手靠拢，然后在刺剑的同时，向前上方伸直，拇指一侧在上。目视剑尖（图13-16）。

要点：右手持剑要先屈肘收于身前，在右脚向前落步和上身右转的同时，使剑用力刺

101

出；左腿伸直，右腿稍屈，腰向右拧转，剑指、两臂和剑身须成一直线。

7. 挂剑直刺

（1）左脚向前上一步，屈膝略蹲，右臂内旋先使拇指一侧朝下成反手，然后翘腕、摆臂，使剑尖向左、向上抄挂，当持剑手抄至左肩时，再屈肘使剑平落于胸前，手心朝里；此时左腿伸直站立，右腿随之在身前屈膝提起，左手剑指屈肘附于右手腕处（图13-17）。

（2）接着，以左脚前脚掌碾地，上身右转，右手持剑使剑向下插，左手剑指仍附于右手腕处。目视剑尖（图13-18）。

图13-16 　　　　　图13-17 　　　　　图13-18

（3）上动不停，仍以左脚前脚掌为轴碾地，右脚向身后跨一大步、屈膝；上身从右向后转；左腿在后蹬直，脚尖里扣，成右弓步。同时，右手持剑向前直刺，剑尖与肩同高，拇指一侧在上；左手剑指随之向后平伸，拇指一侧在上。目视剑尖（图13-19）。

要点：挂剑、下插、直刺三个分解动作必须连贯，它们与跨步、提膝、转身、弓步的动作要协调一致；弓步直刺后，两脚全脚掌均着地，上身稍向前倾，挺胸、塌腰。

8. 虚步架剑

（1）右手持剑先将剑尖由左向下向右搅一小圈，臂内旋使持剑手的拇指一侧朝下。同时，以右脚跟和左脚前脚掌为轴碾地，右脚尖外撇，上身从右向后转，左脚向前收拢半步，两膝均略屈成交叉步。在转身的同时，右手持剑反手向后上方屈肘上架，左手剑指屈肘经左肩前附于右手腕处。目向左平视（图13-20）。

（2）右腿屈膝不动，左脚向前进一步，膝盖稍屈，前脚掌虚着地面，重心落于右腿，成左虚步。在右手持剑略向后牵引的同时，左手剑指向前平伸指出，手心朝下。目视剑指（图13-21）。

图13-19 　　　　　图13-20 　　　　　图13-21

要点：虚步必须虚实分明，右肘略屈使剑身成立剑架于额前上方，左臂伸直，剑指稍高过肩。

三、第二段

1. 虚步平劈

左脚脚跟外展，上身右转，重心移于左腿，右脚跟随之离地，成为前脚掌虚着地面的右虚步。在转身的同时，右手持剑向下平劈，拇指一侧在上，左手剑指即向上屈肘，手心向左上方，目视剑尖（图13-22）。

要点：虚步必须虚实分明，劈剑时手腕要挺直。

2. 弓步下劈

右脚踏实，身体重心前移，左手剑指伸向右腋下，右手持剑臂内旋使手心朝下。左脚随即向左前方上步、屈膝；右腿在后蹬直，脚尖里扣，成左弓步。在左脚上步的同时，右手持剑屈腕向左平绕，画小圈后向前下方劈剑，剑尖高与膝平；左手剑指随之由右腋下面向左、向上绕环，在头顶上方屈肘侧举，上身略前俯。目视剑尖（图13-23）。

要点：劈剑时，右肩前顺，左肩后引，剑尖与手、肩成一直线。

3. 带剑前点

（1）右脚向左脚靠拢，以前脚掌虚着地面，两腿均屈膝略蹲。右手持剑向上屈腕，使剑向右耳际带回，肘微屈；左手剑指随之由前下落，附于右手腕处。目向右前方平视（图13-24）。

（2）上动不停，右脚向右前方跃一步，落地后即屈膝半蹲，全脚着地；左脚随之跟进，向右脚并步屈膝，以脚尖点地，成丁步。同时，右手持剑向前点击，拇指一侧在上，左手剑指即屈肘向头顶上方侧举，手心朝上。目视剑尖（图13-25）。

图13-22　　　图13-23　　　图13-24　　　图13-25

要点：向前点击时，右臂前伸、屈腕，力点在剑尖，手腕稍高于肩，剑尖略比手低；成丁步后，右腿大腿尽量蹲平，左脚脚背绷直，脚尖点在右脚脚弓处，两腿必须并拢；上身稍前倾，挺胸、直背、塌腰。

4. 提膝下截

（1）右腿伸直，左腿退步后屈膝，上身后仰。右臂外旋手心朝上，使剑向右向后上方弧形绕环；左手剑指不动（图13-26）。

（2）上动不停，右臂内旋使手心朝下，继续使剑向左、向前下方画弧下截，同时上身向前探倾，左腿屈膝提起。目视剑尖（图13-27）。

要点：剑从右向左的圆形画弧下截是一个完整动作，必须连贯起来做；左膝尽量高提，脚背绷直；右腿膝部挺直，站立要稳；右臂和剑身成一直线，剑身斜平。

5. 提膝直刺

（1）右腿略屈膝，左脚向前落步，脚尖外撇。右臂外旋使手心朝上，并在左脚落步的同时向上屈肘，将剑柄收抱于胸前，手心朝里，剑尖高与肩平，左手剑指随之下落，屈肘按于剑柄上。此时两腿成为交叉步。目视剑尖（图13-28）。

（2）右腿向身前屈膝提起，左腿伸直站立。右手持剑向前平直刺出，拇指一侧在上，同时左手剑指向后平抽指出，手心朝下。目视剑尖（图13-29）。

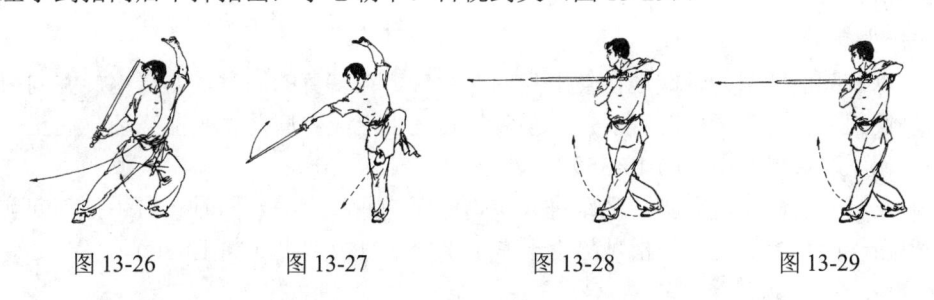

图13-26　　　图13-27　　　图13-28　　　图13-29

要点：抱剑与落步，直刺与提膝，必须协调一致。

6. 回身平崩

（1）右脚向前落步，脚尖外撇，左脚前脚掌碾地使脚跟外转，屈膝略蹲，同时上身向右后转，成交叉步。右手持剑臂外旋使手心朝上，屈肘向胸前收回，剑身与右前臂成水平直线；左手剑指随之直臂上举，经左耳侧屈肘前落，附于右手心上面。目视剑尖（图13-30）。

（2）上身稍向右转，左腿挺膝伸直，右腿略屈膝。同时，右手持剑使剑的前端用力向右平崩，手心仍朝上，左手剑指屈肘向额部左上方侧举。目视剑尖（图13-31）。

要点：收剑和平崩两个动作必须连贯起来做；平崩时，用力点在剑的前端，平崩后，上身向右拧转，但左脚不得移动。

7. 歇步下劈

右脚蹬地起跳，左脚向左跃步横跨一步，落地后，右腿即向左腿后侧插步，继而两腿屈膝全蹲，成歇步。在跃步的同时，右手持剑向上举起，并在形成歇步时向左下劈，拇指一侧在上，剑尖与踝关节同高；左手剑指随着下劈动作，下按于右手腕上面。目视剑身（图13-32）。

要点：成歇步时，左大腿盖压在右大腿上面，左脚全掌着地，右脚脚跟离地，臀部坐在右小腿上；劈剑时，右臂尽量向前下方伸直，剑身与地面平行；劈剑与跃步成歇步动作须同时完成。

8. 提膝下点

（1）右手持剑先使手心朝下成平剑，然后以两脚的前脚掌碾地，上身经右、向后转动，两腿边转边站立起来，右手持剑平绕一周。当剑绕至上身右侧时，上身稍向左后仰，同时剑身继续向外、向上弧形绕环，剑尖接近右耳侧；此时左手剑指离开右手腕向上屈肘侧举。目视前下方（图13-33）。

（2）上动不停，右腿伸直站立，左腿屈膝提起，上身向右侧下探俯，同时右手持剑向前下点击，拇指一侧在上。目视剑尖（图13-34）。

要点：仰身外绕剑与提膝下；两个动作必须连贯、同时完成；右腿独立时，膝部要挺直，左膝尽量上提；点剑时，右手腕要下屈，剑身、右臂、左臂和剑指要在同一个垂直面内。

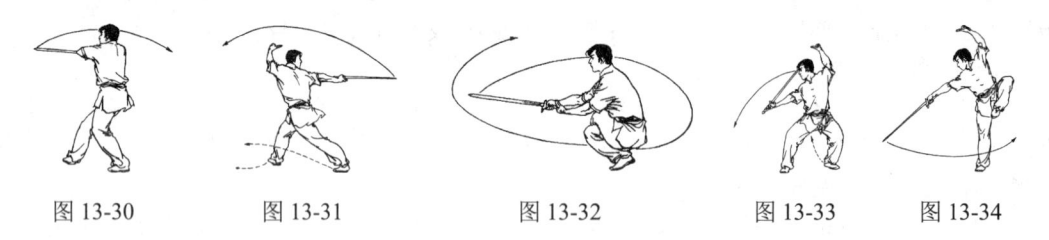

图13-30　　图13-31　　图13-32　　图13-33　　图13-34

四、第三段

1. 并步直刺

（1）以右脚前脚掌为轴碾地，使上身向左后转。在转身的同时，右臂内旋并向拇指一侧屈腕，使剑尖指向转身后的身前；左手剑指随之由上经右肩前、腹前绕环，向正前方指出，手心朝下。目视剑指（图13-35）。

（2）左脚向前落步，右脚随之跟进并步，两腿均屈膝半蹲。同时，右手持剑向前平伸直刺，拇指一侧在上；左手剑指顺势附于右手腕处。目视剑尖（图13-36）。

要点：两腿半蹲时大腿要蹲平，两膝、两脚均须紧靠并拢；上身前倾，直背、落臂。两臂伸直，剑尖与肩相平。

2. 弓步上挑

右脚上步屈膝，同时左脚脚跟稍内转，左腿挺膝伸直，成右弓步。右手持剑直臂向上挑举，剑尖向上，手心朝左；左手剑指仍向前平伸指出，手心朝下。上身稍微前倾，目视剑指（图13-37）。

要点：左臂伸直，左肩前倾，剑指略高过肩；右臂直上举，剑刃朝前后；上身挺胸、直背、塌腰。

3. 歇步下劈

右腿伸直，左脚向前上步，脚尖外撇，随之两腿交叉屈膝全蹲，成歇步。同时，右手持剑向前下劈，拇指一侧在上，剑尖与踝关节同高，左手剑指屈肘附于右手腕里侧。上身稍前俯，目视剑身（图13-38）。

要点：与第二段第7个动作相同。

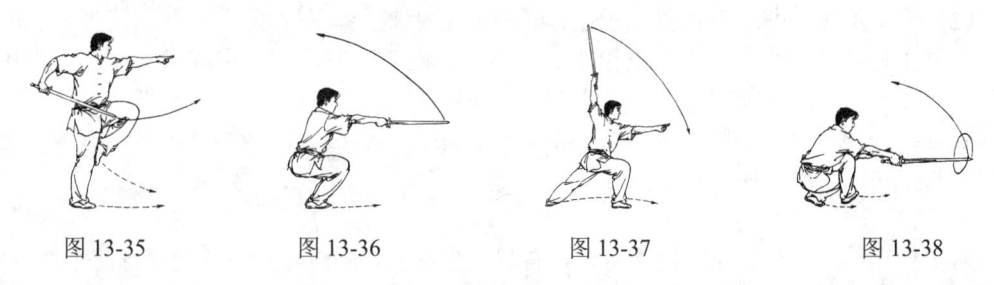

图 13-35　　　　图 13-36　　　　图 13-37　　　　图 13-38

4. 右截腕

两脚以前脚掌碾地，并且两腿稍伸直立起，使上身右转，右腿屈膝半蹲，左腿稍屈膝，左脚前脚掌虚着地面，成左虚步。右臂内旋使拇指一侧朝下，用剑的前端下刃向前上方画弧翻转，随着上身起立成虚步，右手持剑再向右后上方托起，左手剑指仍附于右手腕，两肘均微屈。目视剑的前端（图13-39）。

要点：两腿虚实必须分明，上身稍向前倾，剑身平横于右额前上方，剑尖稍高于剑柄。

5. 左截腕

左脚向前上半步，并以前脚掌碾地使上身向左后转，右脚随之向前上一步，前脚掌着地，两腿均屈膝，成左实右虚之右虚步。在右脚进步的同时，右臂外旋，使剑身的前端向左前上方画弧翻转，手心朝上，剑身与地面平行，左手剑指随之离开右手腕，屈肘向上侧举。目视剑的前端（图13-40）。

要点：同上述右截腕。

6. 跃步上挑

（1）左脚经身前向前上一步，右脚随之在身后离地，小腿后弯。同时，右臂外旋手心朝里，使剑由右向上、向左屈肘画弧，剑至上身左侧时，右手靠近左胯旁，拇指一侧在上并向上屈腕，左手剑指在右手向左下落时附于右手腕上。目视剑尖（图13-41）。

（2）左脚蹬地，右脚向右侧跃步，落地后屈膝略蹲，左脚随之离地屈膝从身后伸向右侧方，形成望月式平衡。上身向左侧倾俯。在右脚跃步的同时，右手持剑由左胯旁向下、向右画弧，当剑到达右侧方时，臂外旋并向拇指一侧屈腕，使剑向上挑击；左手剑指即向左上方屈肘横举，拇指一侧在下。目视右侧方（图13-42）。

要点：跃步和上挑动作必须协调一致，迅速进行；挑剑时，腕部要猛然用力上屈；形

105

成平衡动作后，右腿略屈膝站稳，左小腿尽量向上抬起；上身向右拧转，剑身斜举于右侧上方，持剑手略松，便于手腕上屈。

图 13-39 　　　图 13-40 　　　图 13-41 　　　图 13-42

7. 仆步下压

（1）右手持剑使剑尖从头上经过，继而向身后、向右弧形平绕，当剑绕到右侧时，即屈肘将剑柄收抱于胸部前下方，手心朝上。同时，右膝伸直，上身立起，左腿屈膝提于身前，左手剑指仍横举于左额前上方（图13-43）。

（2）上动不停，左手剑指经身前下落，按在右手腕上。左脚随之向左侧落步，屈膝全蹲；右腿在右侧平铺伸直，脚尖里扣，成右仆步。同时，右手持剑用剑身平面向下带压，剑尖斜向右上方。上身前探，目向右平视（图13-44）。

要点：做仆步时，左腿要全蹲，臀部紧靠脚跟，不要凸起，两脚全脚掌均着地；上身前探时要挺胸，两肘略屈环抱于身前。

8. 提膝直刺

两腿直立站起，左腿屈膝提于身前，右腿挺直站立。同时，右手持剑向身前平伸直刺，拇指一侧在上，左手剑指屈肘在左侧上举，拇指一侧在下。目视剑尖（图13-45）。

要点：右脚独立须挺膝站稳，左膝尽量上提，脚背绷直，脚尖下垂；上身稍右倾，右肩、右臂和剑身要成一直线，左臂屈成半圆形。

图 13-43 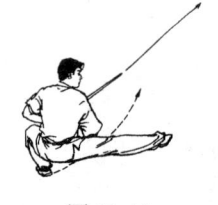　　　图 13-44 　　　图 13-45

五、第四段

1. 弓步平劈

右臂外旋，先使手心朝向背后、剑的下刃转翻向上，继而上身左转，同时左脚向左后侧落一大步、屈膝；右脚以前脚掌为轴碾地，脚跟稍外转，右腿挺膝伸直，成左弓步。左手剑指随着持剑臂的运行而向右、向下、向左、向上圆形绕环，仍屈肘举于头部左侧上方，同时，手持剑向身前平劈，拇指一侧在上，臂要伸直，剑尖略高于肩。目视剑尖（图13-46）。

要点：向前劈和剑指绕环这两个动作必须协调一致同时完成，两肩要放松。

2. 回身后撩

右脚向前上一步，膝微屈；左脚随之离地，小腿向上弯屈；上身前俯，腰向右拧转。右手持剑随右脚上步而向后反撩，剑尖斜向下方，拇指一侧在下；左手剑指前伸成侧上举，拇指一侧在下。目视剑尖（图13-47）。

要点：右脚站立要稳，左脚脚背绷直，上身挺胸，两肩放松。

3. 歇步上崩

（1）右脚蹬地，左脚向前跃步，上身随之向右后转；左脚落地，脚尖稍外撇，右腿摆向身后。在上身转动的同时，右臂外旋，使拇指一侧朝上，左手剑指在身后平伸，手心朝下。目视剑尖（图13-48）。

（2）上动不停，右脚在身后落步，两腿均屈膝全蹲，左大腿盖压在右大腿上，臀部坐在右小腿上，成歇步。同时，右手持剑直臂下压，手腕向拇指一侧上屈，使剑尖上崩；左手剑指随之屈肘在头部左上方侧举，拇指一侧在下。目视剑身（图13-49）。

要点：向前跃步、歇步和剑尖上崩三个动作要连贯协调；跃步要远，落地要轻（前脚掌先着地）；上崩时腕部要猛然用力上屈，剑尖高与眉平；歇步时上身前俯，胸须内含。

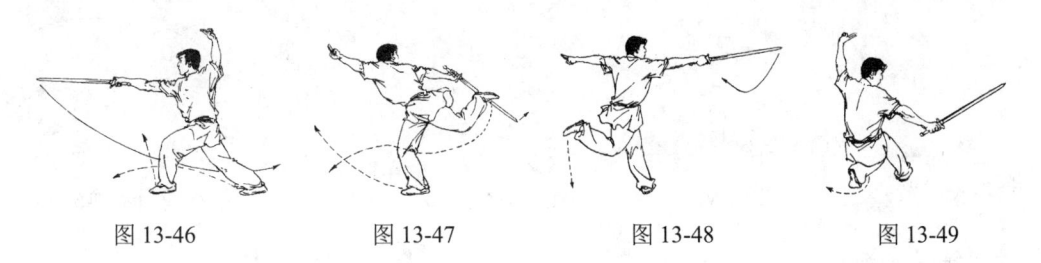

图13-46　　　　图13-47　　　　图13-48　　　　图13-49

4. 弓步斜削

（1）左脚脚尖里扣，上身右转，右脚随之向前上步、屈膝，左腿在身后挺膝伸直，成右弓步。右手持剑臂外旋使手心朝上，在转身的同时，屈肘向左胁前收回，左手剑指随之从身前下落，按在剑柄上。上身向右前倾，目视前方（图13-50）。

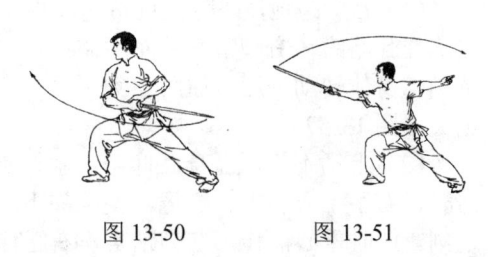

图13-50　　　　图13-51

（2）上动不停，右手持剑由后向前上方斜面弧形上削，手心斜向上方，手腕稍向掌心一侧弯曲；同时，左手剑指伸向后方，拇指一侧在上。目视剑尖（图13-51）。

要点：斜削时，右臂稍低于肩，剑尖斜向脸前右上方，略高于剑尖，左臂在身后侧平举，剑指指尖略高于肩部。

5. 进步左撩

（1）右腿伸直，上身向左转，左腿稍屈。同时，右手持剑使手心朝里经脸前边转身边向左画弧，剑至体前时，左手剑指附于右手腕里侧。目视剑尖（图13-52）。

（2）以右脚跟为轴碾地，脚尖外撇，上身向右后转；左脚随之向前上步，以前脚掌着地面。同时，右手持剑反手向下、向前、向上继续画弧撩起，剑至前上方时，肘部略屈，拇指一侧在下，剑尖高于肩平；左手剑指随右手动作，仍附于右手腕上。目视剑尖（图13-53）。

要点：上述两个剑身画弧动作，必须连贯成一个完整的绕环动作；撩剑后，右腿微屈，左腿伸直，身体重心落于右腿，剑尖稍微朝下。

6. 进步右撩

（1）右手持剑直臂向上、向右后方画弧，左手剑指随势收于右肩前，手心朝左。目视剑尖（图13-54）。

（2）左脚踏实后以脚跟为轴碾地，脚尖外撇，右脚随之向左脚前上一步，前脚掌虚着地面。同时，右手持剑由右向下、向前画弧抡臂撩起，剑至前方时，肘微屈，手心朝上，

107

剑尖高与头平；左手剑指随之由右肩前向下、向前、向后上方绕环，屈肘侧举于头部上方。目视剑尖（图13-55）。

要点：同上述进步左撩，唯左右相反。

7. 坐盘后撩

右脚踏实后向前上一小步，随即左脚从右腿后向右侧插一步，两腿屈膝下坐，成坐盘式。在左脚插步的同时，右手持剑向上、向左、向下，再向右上方反手绕环斜上撩，剑尖高过头顶；左手剑指随之经体前向下、向右上方画弧，屈肘横举于左耳侧，拇指一侧在下。上身向左前倾俯，目视剑尖（图13-56）。

要点：坐盘必须与反剑动作协调进行；坐盘时，右腿盘落于左腿上，全脚掌着地，脚尖朝身前；上身倾俯时胸要内含，剑尖与右臂、左肘、左肩成一直线。

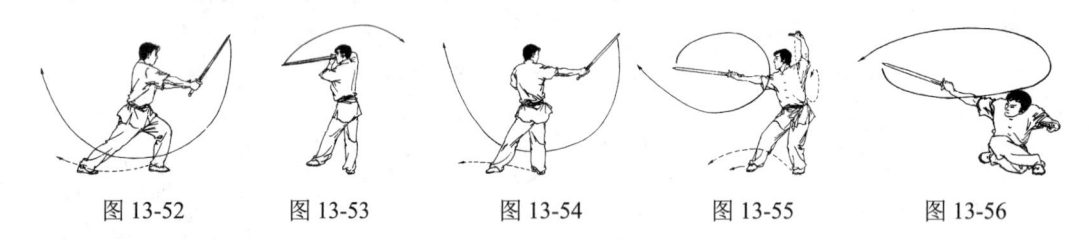

图13-52　　图13-53　　图13-54　　图13-55　　图13-56

8. 转身云剑

（1）右脚蹬地，两腿伸直站起，并以两脚的前脚掌碾地，使上身向左后转，转身之后，右腿屈膝略蹲，右脚踏实，左膝微屈，前脚掌虚着地面，身体重心落于右腿。同时，右手持剑随身体转动一周后屈肘使剑平举，拇指一侧在下；此时左手剑指附于右手腕处。目视剑尖（图13-57）。

（2）上动不停，上身后仰，右手持剑向左、向后、向右、向前圆形云绕一周，剑至身前时，右手手心朝上、松把，使剑尖下垂；左手剑指放开，拇指一侧朝上，准备接握右手之剑。此时重心前移，左脚踏实，右腿伸直，上身前倾。目视左手（图13-58）。

要点：转身和云剑动作必须连贯，云剑要平、要快，腕关节放松使之灵活。

六、结束动作

（1）右手将剑柄交于左手后即握成剑指，左手接剑后反握住剑柄向身体左侧下垂。此时右脚向右前上步，脚尖里扣，屈膝略蹲，上身随之左转；左脚随之向前移步，以前脚掌虚着地面，膝微屈。在上身左转的同时，右手剑指随之由身后向上屈肘侧举于头部右上方，手心朝上。目向左平视（图13-59）。

要点：重心落于右腿，上身前倾，挺胸、塌腰，两肩松沉，左肘略上提，剑身紧贴前臂后侧。

（2）右腿伸直，右脚向左脚掌靠拢，并步站立。右手剑指下落于身体右侧。手心朝下，恢复成预备式。目向正前方平视（图13-60）。

要点：同预备式。

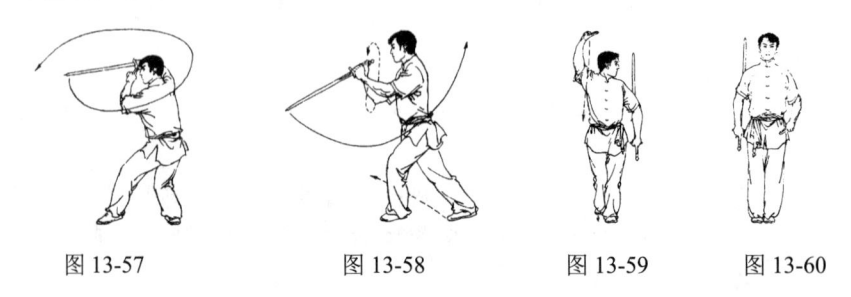

图13-57　　　　图13-58　　　　图13-59　　　　图13-60

108

第十四章　简化二十四式太极拳

第一节　套路简介

简化太极拳是在杨式太极拳的基础上，删去了繁、难和重复的动作，加以简化、改编的太极拳普及套路。

这套拳分为 8 组，包括"起式""收式"共 24 个动作，又称"二十四式"。动作结构和整个套路安排符合由简至繁、先易后难的原则。全套动作易学易懂，易于掌握，既不复杂，又能充分体现太极拳动作的柔和、缓慢、圆活、连贯的特点。练习者可进行整套练习，也可根据身体情况选择单式或分组练习。

练习太极拳时要求做到：全神贯注，上下相随，虚实分明，连贯圆活，速度均匀，动作运行路线处处带有弧形，如行云流水，连绵不断。

第二节　动作说明

一、第一段

1. 起势

（1）两脚并拢，身体自然直立，头颈正直；两臂自然下垂，两手指尖轻贴大腿侧。眼向前平视（图 14-1）。

（2）左脚向左慢慢开步，与肩同宽，脚尖向前（图 14-2）。

（3）两臂慢慢向前平举，两手高与肩平，与肩同宽，手心向下（图 14-3 和图 14-4）。

（4）上体保持正直，两腿屈下蹲；同时两掌轻轻下按至腹前，两肘下垂与膝相对；眼平视前方（图 14-5）。

要点：头颈端正，下颌要微向后收，头顶有意向上虚虚用劲，颈部不要松弛，不可仰头或低头。

图 14-1 　　图 14-2 　　图 14-3 　　图 14-4 　　图 14-5

身体直立或下蹲时，要敛臀收腹，躯干正直，不可挺胸凸肚突臀前俯后仰；左脚开步时，重心先移向右腿，左脚跟先离地，随之前脚掌再离地，轻轻提起全脚，高不过右踝；向左开步落脚时，前脚掌先着地，随之全脚掌逐渐踏实。这种重心转换的做法，体现了太极拳运动"轻起轻落，点起点落"的这一重要步法规律。两手臂前平举时，手起肘随将臂举起，肘关节微屈，保持沉肩垂肘的要领，不要掀肘耸肩；屈蹲下按掌时，两掌要随屈膝主动下按，协调一致，掌心下按到终点（腹前）时，须舒指展掌，不要坐腕向上翘指。

2. 左右野马分鬃

（1）上体微向右转，身体重心移至右腿上；同时右臂收在胸前平屈，手心向下，左手经体前向右下画弧放在右手下，手心向上，两手心相对成抱球状；左脚随即收到右脚内侧，脚尖点地。眼视右手（图14-6和图14-7）。

（2）上体微向左转，左脚向左前方迈出，同时左、右手随转体慢慢分别向左上、右下错开。眼视左手（图14-8和图14-9）。

（3）上体继续左转，右脚跟后蹬，右腿自然伸直成左弓步；左、右手随转体继续向左上、右下分开，左手高与眼平。手心斜向上，肘微屈；右手落在右胯旁，肘也微屈，手心向下，指尖向前。眼视左手（图14-10）。

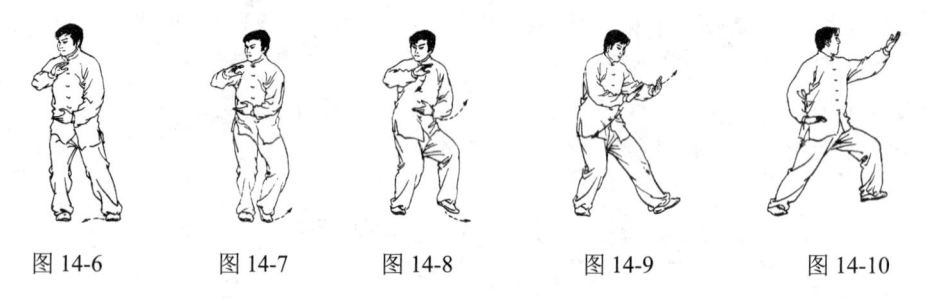

图14-6　　图14-7　　图14-8　　图14-9　　图14-10

（4）上体慢慢后坐，身体重心移至右腿，左脚尖翘起，微向外撇（45°～60°），同时两手准备抱球（图14-11）。

（5）左脚掌慢慢踏实，左腿慢慢前弓，身体左转，身体重心再移至左腿；同时左手翻转向下，左臂收在胸前平屈，右手向左上画弧放在左手下，两手心相对成抱球状；右脚随即收到左脚内侧，脚尖点地。眼视左手（图14-12和图14-13）。

（6）上体微右转，右腿向右前方迈出，同时左、右手随转体慢慢分别向左下、右上错开。眼视右手（图14-14）。

（7）左腿自然伸直成右弓步；同时上体继续右转，左右手继续随转体分别慢慢向左下、右上分开，右手高与眼平，手心斜向上，肘微屈；左手落在左胯旁，肘也微屈，手心向下，指尖向前。眼视右手（图14-15）。

图14-11　　图14-12　　图14-13　　图14-14　　图14-15

（8）与（4）相同，唯左右相反（图14-16）。

（9）与（5）相同，唯左右相反（图14-17和图14-18）。

（10）与（6）相同，唯左右相反（图14-19）。

（11）与（7）相同，唯左右相反（图14-20）。

要点：上体不可前俯后仰，胸部必须宽松舒展；两臂分开时要保持弧形；身体转动时要以腰为轴；弓步动作与分手的速度要均匀一致；做弓步时，迈出的脚先是脚跟着地，然后脚掌慢慢踏实，脚尖向前，膝盖不要超过脚尖，后腿自然伸直，前后脚夹角成45°～60°（需要时后脚脚跟可以后蹬调整）；野马分鬃式的弓步，前后脚的脚跟要分在中轴线的两侧，它们之间的横向距离（以动作行进的中线为纵轴，其两侧的垂直距离为横向）应保持在10～30厘米。

图14-16　　　图14-17　　　图14-18　　　图14-19　　　图14-20

3. 白鹤亮翅

（1）上体微向左转，左手翻掌向下，左臂平屈胸前，右手向左上画弧，手心转向上，与左手相对成抱球状。眼视左手（图14-21）。

（2）右脚跟进半步，上体后坐，身体重心移至右腿；上体先向右转，面向右前方，眼视右手；然后左脚稍向前移，脚尖点地，成左虚步。同时上体再微向左转，面向前方，两手随转体慢慢向左下右上分开，右手上提停于右额前，手心向左后方，左手落于左胯前，手心向下，指尖向前。眼平视前方（图14-22和图14-23）。

图14-21　　　图14-22　　　图14-23

要点：完成姿势胸部不要挺出，两臂上下都要保持半圆形，左膝要微屈；身体重心后移和右手上提，左手下按要协调一致。

4. 左右搂膝拗步

（1）右手从体前下落，由下向后上方画弧举至右肩外侧，肘微屈，手与耳同高，手心斜向上；左手由左下向上、向右下方画弧至右胸前，手心斜向下；同时上体先微向左再向右转；左脚收至右脚内侧，脚尖点地，眼视右手（图14-24和图14-25）。

（2）上体左转，左脚向前（偏左）迈出成左弓步；同时右手屈回由耳侧向前推出，高与鼻尖平，左手向下由左膝前搂过落于左胯旁，指尖向前。眼视右手（图14-26和图14-27）。

111

图 14-14　　　　　图 14-15　　　　　图 14-16　　　　　图 14-17　　　　　图 14-18

（3）右腿慢慢屈膝，上体后坐，重心移至右腿，左脚尖翘起微向外撇，随后脚掌慢慢踏实，左腿前弓，身体左转，重心移至左腿，右脚收到左脚内侧，脚尖点地；同时左手向外翻掌由左后向上画弧至左肩外侧，肘微屈，手与耳同高，手心斜向上；右手随转体向上、向左下画弧落于左胸前，手心斜向下。眼视左手（图 14-29～图 14-31）。

图 14-29　　　　　　　图 14-30　　　　　　　图 14-31

（4）与（2）相同，唯左右相反（图 14-32 和图 14-33）。
（5）与（3）相同，唯左右相反（图 14-34～图 14-36）。
（6）与（2）相同（图 14-37 和图 14-38）。

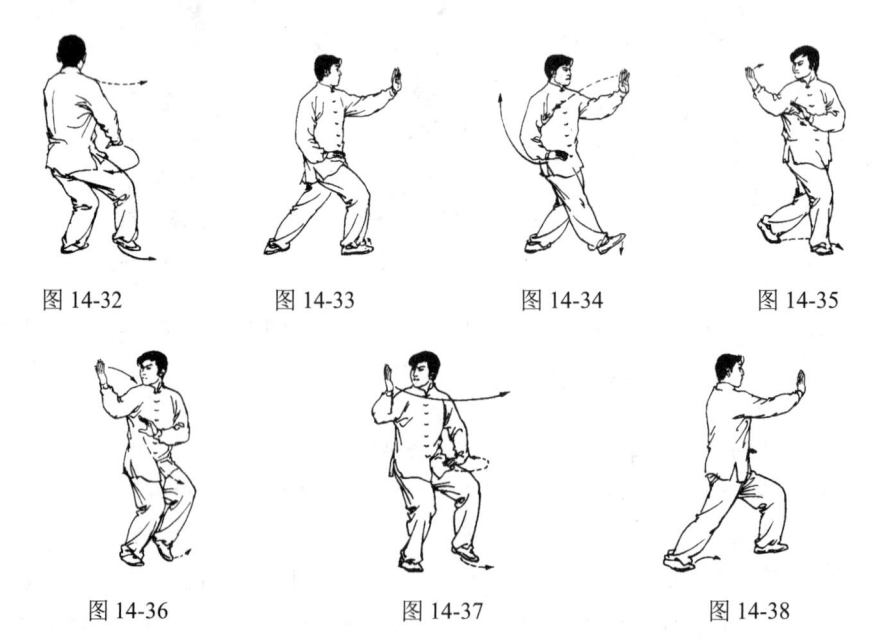

图 14-32　　　　　图 14-33　　　　　图 14-34　　　　　图 14-35

图 14-36　　　　　　　图 14-37　　　　　　　图 14-38

要点：前手推出时，身体不可前俯后仰，要松腰松胯；推掌时要沉肩垂肘，坐腕舒掌，同时须与松腰、弓腿上下协调一致；搂膝拗步成弓步时，两脚跟的横向距离约 30 厘米。

5. 手挥琵琶

（1）右脚跟进半步，上体后坐，重心移至右腿上，上体半面向右转（图14-39）。

（2）左脚略提起稍向前移，变成左虚步，脚跟着地，脚尖翘起，膝部微屈；同时左手由左下向上挑举，高与鼻尖平，掌心向右，臂微屈；右手收回放在左臂肘部里侧，掌心向左；两手成侧立掌合于体前。眼视左手食指（图14-40和图14-41）。

图14-39　　　　图14-40　　　　图14-41

要点：身体要平稳自然、沉肩垂肘，胸部放松；左手上起时不要直向上挑，要由左向上、向前，微带弧形；右脚跟进时，脚掌先着地，再全脚踏实；身体重心后移和左手上起、右手回收要协调一致。

二、第二段

1. 左右倒卷肱

（1）上体右转，右手翻掌（手心向上）经腹前由下向后上方画弧平举，臂微屈，左手随即翻掌向上。眼的视线随着向右转体先右视，再转向前方视左手（图14-42和图14-43）。

图14-42 　　　　　　　　图14-43

（2）右臂屈肘折向前，右手由耳侧向前推出，手心向前，左臂屈肘后撤，手心向上，撤至左肋外侧；同时左腿轻轻提起向后（偏左）退一步，脚掌先着地，然后全脚慢慢踏实，身体重心移到左腿上，成右虚步，右脚随转体以脚掌为轴扭正。眼视右手（图14-43和图14-45）。

（3）上体微向左转。同时左手随转体向后上方画弧平举，手心向上，右手随即翻掌，掌心向上。眼随转体先左视，转向前方视右手（图14-46）。

（4）与（2）相同，唯左右相反（图14-47和图14-48）。

（5）与（3）相同，唯左右相反（图14-49）。

图14-44　　图14-45　　图14-46　　图14-47　　图14-48　　图14-49

113

（6）与（2）相同（图 14-50 和图 14-51）。
（7）与（3）相同（图 14-52）。
（8）与（2）相同，唯左右相反（图 14-53 和图 14-54）。

图 14-50　　图 14-51　　图 14-52　　图 14-53　　图 14-54

要点：前推的手不要伸直，后撤手也不可直向回抽，随转体仍走弧线；前推时要转腰松胯，两手的速度要一致，避免僵硬；退步时，脚掌先着地，再慢慢全脚踏实，同时前脚随转体以脚掌为轴扭正，退左脚略向左后斜，退右脚略向右后斜，避免使两脚落在一条直线上；后退时，眼神随转体动作先向左（右）视，然后再转视前手；最后退右脚时，脚尖外撇的角度略大些，便于接做"左揽雀尾"的动作。

2. 左揽雀尾

（1）上体微向右转，同时右手随转体向后上方画弧平举，手心向上，左手放松，手心向下。眼视左手（图 14-55）。

（2）身体继续向右转，左手自然下落，逐渐翻掌经腹前画弧至右肋前，手心向上；右臂屈肘，手心转向下，收至右胸前，两手相对成抱球状；同时身体重心落在右腿上，左脚收至右脚内侧，脚尖点地。眼视右手（图 14-56 和图 14-57）。

（3）上体微向左转，左脚向左前方迈出，上体继续向左转，右腿自然蹬直，左腿屈膝成左弓步；同时左臂向左前方掤出（即左臂平屈成弓形，用前臂外侧和手背向前方推出），高与肩平，手心向后；右手向右下落放于右胯旁，手心向下，指尖向前。眼视左前臂（图 14-58 和图 14-59）。

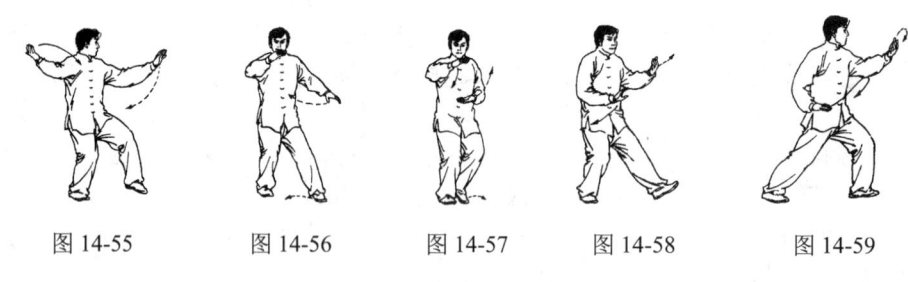

图 14-55　　图 14-56　　图 14-57　　图 14-58　　图 14-59

（4）身体微向左转，左手随即前伸翻掌向下，右手翻掌向上，经腹前向上、向前伸至左前臂下方；然后两手下捋，即上体向右转，两手经腹前向右后上方画弧，直至右手心向上，高与肩平，左臂平屈于胸前，手心向后；同时身体重心移至右腿。眼视右手（图 14-60 和图 14-61）。

（5）上体微向左转，右臂屈肘折回，右手附于左手腕里侧（相距约 5 厘米），上体继续向左转，双手同时向前慢慢挤出，左手心向后，右手心向前，左前臂要保持半圆；同时身体重心逐渐前移变成左弓步。眼视左手腕部（图 14-62 和图 14-63）。

图 14-60 　　　　　图 14-61 　　　　　图 14-62 　　　　　图 14-63

（6）左手翻掌，手心向下，右手经左腕上方向前、向右伸出，高与左手齐，手心向下，两手左右分开，宽与肩同；然后右腿屈膝，上体慢慢后坐，身体重心移至右腿上，左脚尖翘起；同时两手屈肘回收至腹前，手心均向前下方。眼向前平视（图14-64～图14-66）。

（7）上式不停，身体重心慢慢前移，同时两手向前、向上按出，掌心向前；左腿前弓成左弓步。眼平视前方（图14-67）。

要点：绷出时，两臂前后均保持弧形；分手、松腰、弓腿三者必须协调一致；揽雀尾弓步时，两脚跟横向距离不超过10厘米；下捋时，上体不可前倾，臀部不要凸出，两臂下捋须随腰旋转，仍走弧线；左脚全脚掌着地；向前挤时，上体要正直，挤的动作要与松腰、弓腿相一致；向前按时，两手须走曲线，手腕部高与肩平，两肘微屈。

图 14-64 　　　　　图 14-65 　　　　　图 14-66 　　　　　图 14-67

3. 右揽雀尾

（1）上体后坐并向右转，身体重心移至右腿，左脚尖里扣；右手向右平行画弧至右侧，然后由右下经腹前向左上画弧至左肋前，手心向上；左臂平屈胸前，左手掌向下与右手成抱球状；同时身体重心再移到左腿上，右脚收到左脚内侧，脚尖点地。眼视左手（图14-68～图14-71）。

（2）同"左揽雀尾"（3）解，唯左右相反（图14-72和图14-73）。

图 14-68 　　　图 14-69 　　　图 14-70 　　　图 14-71 　　　图 14-72 　　　图 14-73

（3）同"左揽雀尾"（4）解，唯左右相反（图14-74和图14-75）。
（4）同"左揽雀尾"（5）解，唯左右相反（图14-76和图14-77）。
（5）同"左揽雀尾"（6）解，唯左右相反（图14-78～图14-80）。

（6）同"左揽雀尾"（7）解，唯左右相反（图14-81）。

要点：与"左揽雀尾"相同，唯左右相反。

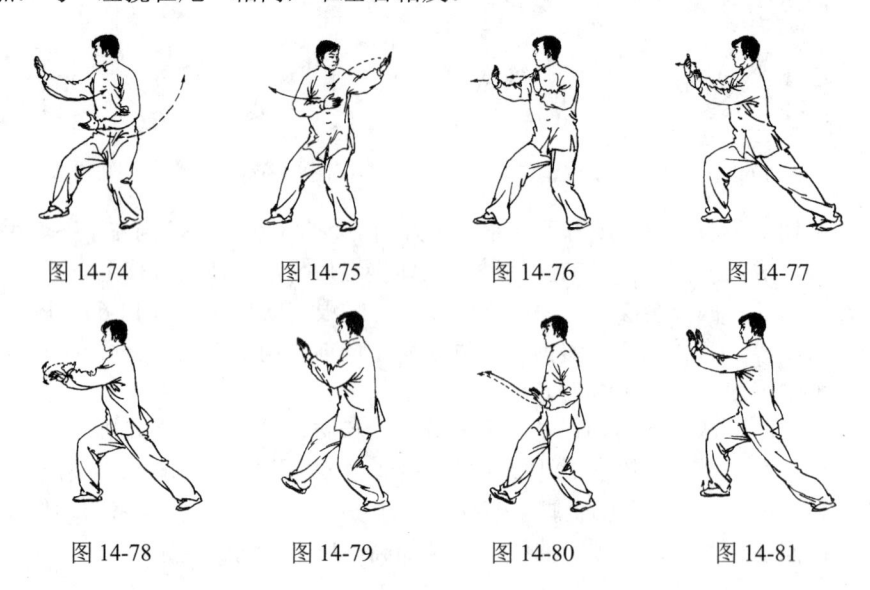

图14-74　　　图14-75　　　图14-76　　　图14-77

图14-78　　　图14-79　　　图14-80　　　图14-81

4. 单鞭

（1）上体后坐，重心逐渐移至左腿，右脚尖里扣；同时上体左转，两手（左高右低）向左弧形运转，直至右臂平举，伸于身体左侧，手心向左，右手经腹前运至左肋前，手心向后上方。眼视左手（图14-82和图14-83）。

（2）重心再渐渐移至右腿上，上体右转，左脚向右脚靠拢，脚尖点地；同时右手向右上方画弧（手心由里转向外），至右侧方时变勾手，臂与肩平；左手向下经腹前向右上画弧停于右肩前，手心向里。眼视左手（图14-84和图14-85）。

（3）上体微向左转，左脚向左前侧方迈出，右脚跟后蹬，成左弓步；在身体重心移向左腿的同时，左掌随上体的继续左转慢慢翻转向前推出，手心向前，手指与眼齐平，臂微屈。眼视左手（图14-86和图14-87）。

图14-82　　图14-83　　图14-84　　图14-85　　图14-86　　图14-87

要点：上体保持正直，松腰；完成式时，右臂肘部稍下垂，左肘与左膝上下相对，两肩下沉，左手向外翻掌前推时，要随转体边翻边推出，不要翻掌太快或最后突然翻掌；全部过渡动作，上下要协调一致，如面向南起势，单鞭的方向（左脚尖）应向东偏北（约为15°）。

三、第三段

1. 云手

（1）重心移至右腿上，身体渐向右转，左脚尖里扣；左手经腹前向右上画弧至右肩前，手心斜向后，同时右手松勾变掌，手心向右前。眼视左手（图14-88～图14-90）。

116

（2）上体慢慢左转，重心随之逐渐左移；左手由脸前向左侧运转，手心渐渐转向左方；右手由右下经腹前向左上画弧，至左肩前，手心斜向后；同时右脚靠近左脚，成小开立步（两脚距离为10～20厘米）。眼视右手（图14-91和图14-92）。

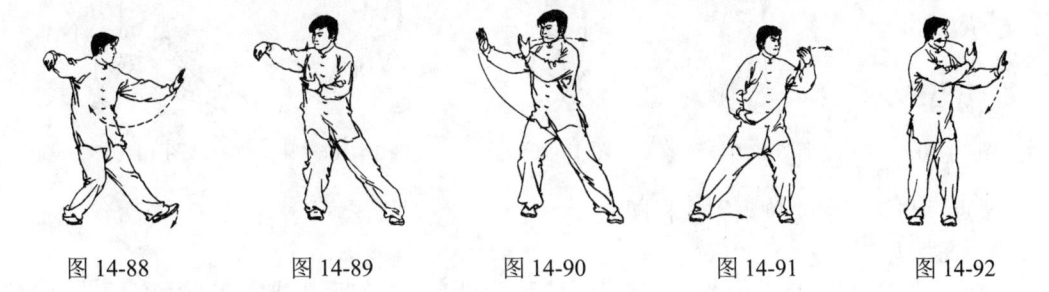

图14-88　　　图14-89　　　图14-90　　　图14-91　　　图14-92

（3）上体再向右转，同时左手经腹前向右上画弧至右肩前，手心斜向后；右手向右侧运转，手心翻转向右；随之左腿向左横跨一步。眼视左手（图14-93～图14-95）。
（4）同（2）解（图14-96和图14-97）。

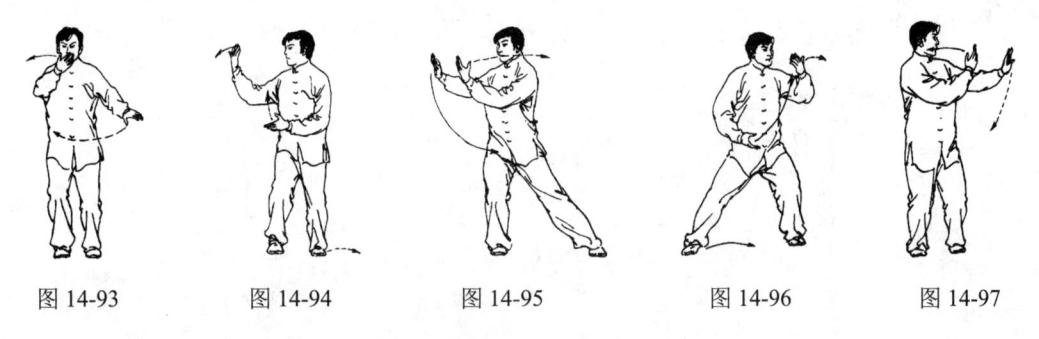

图14-93　　　图14-94　　　图14-95　　　图14-96　　　图14-97

（5）同（3）解（图14-98～图14-100）。
（6）同（2）解（图14-101和图14-102）。

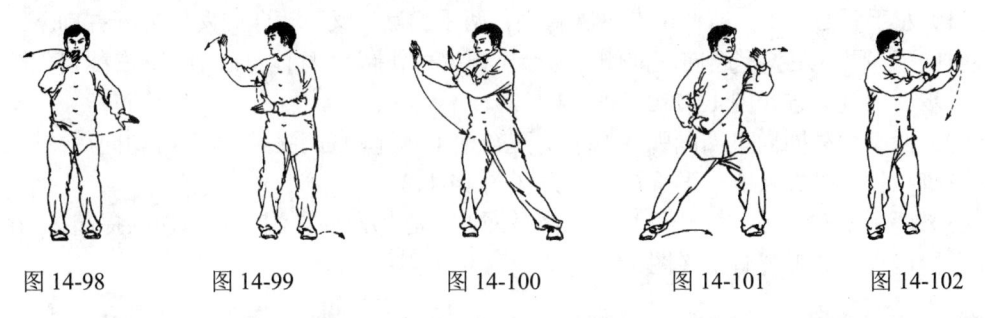

图14-98　　　图14-99　　　图14-100　　　图14-101　　　图14-102

要点：身体转动要以腰脊为轴，松腰，松胯，不可忽高忽低；两臂随腰的转动而运转，要自然灵活，速度要缓慢均匀；下肢移动时，身体重心稳定，两脚掌先着地再踏实，脚尖向前；眼的视线随左右手而移动；第三个"云手"，右脚最后跟步时，脚尖微向里扣，便于接"单鞭"动作。

2．单鞭

（1）上体向右转，右手随之向右运转，至右侧方时变成勾手；左手经腹前向右画弧至右肩前，手心向内；重心落在右腿上，左脚尖点地。眼视左手（图14-103～图14-105）。
（2）上体微向左转，左脚向左前侧方迈出，右脚跟后蹬，成左弓步；在身体重心移向

117

左腿的同时，上体继续左转，左掌慢慢翻转向前推出，成"单鞭"式（图14-106和图14-107）。

图14-103　　图14-104　　图14-105　　图14-106　　图14-107

要点：与第二段"单鞭"式相同。

3. 高探马

（1）右脚跟进半步，身体重心逐渐后移至右腿上；右勾手变成掌，两手心翻转向上，两肘微屈；同时身体微向右转，左脚跟渐渐离地。眼视左前方（图14-108）。

（2）上体微向左转，面向左前方，右掌经右身旁向前推出，手心向前，手指与眼同高；左手收至左侧腰前。手心向上。同时左脚微向前移，脚尖点地，成左虚步。眼视右手（图14-109）。

图14-168 　　　　　　　　　　　　　图14-169

要点：上体自然正直，双肩要下沉，右肘微下垂；跟步移换重心时，身体不要右起伏。

4. 右蹬脚

（1）左手手心向上，前伸至右手腕背面，两手相互交叉，随即向两侧分开并向下画弧，手心斜向下，同时左脚提起向左前侧方进步（脚尖稍外撇）；身体重心前移；右腿自然蹬直，成左弓步。眼视前方（图14-110～图14-112）。

（2）两手由外圈向里圈画弧，两手交叉合抱于胸前，右手在外，手心均向后；同时右脚向左脚靠拢，脚尖点地。眼平视右前方（图14-113）。

（3）两手臂左右画弧分开平举，肘部微屈，手心均向外；同时右腿屈膝提起，右脚向右前方慢慢蹬出。眼视右手（图14-114和图14-115）。

图14-110　　图14-111　　图14-112　　图14-113　　图14-114　　图14-115

要点：身体要稳定，不可前俯后仰；两手分开时，腕部与肩齐平；蹬脚时，左腿微屈，右脚尖回勾,力点在脚跟,分手与蹬脚须协调一致,右臂和腿上下相对,如面向南起势,蹬脚方向应为正东偏南约30°。

5. 双峰贯耳

(1) 右腿收回,屈膝平举;左手由后向上、向前下落至体前,两手心均翻转向上,两手同时向下画弧,分落于右膝盖两侧。眼视前方(图14-116和图14-117)。

(2) 右脚向右前方落下,重心渐渐前移,成右弓步,面向右前方,同时两手下落,慢慢变拳,分别从两侧向上、向前画弧贯拳至面部前方,成钳形状,两拳相对,高与耳齐,拳眼都斜向内下(两拳中间距离为10～20厘米)。眼视右拳(图14-118和图14-119)。

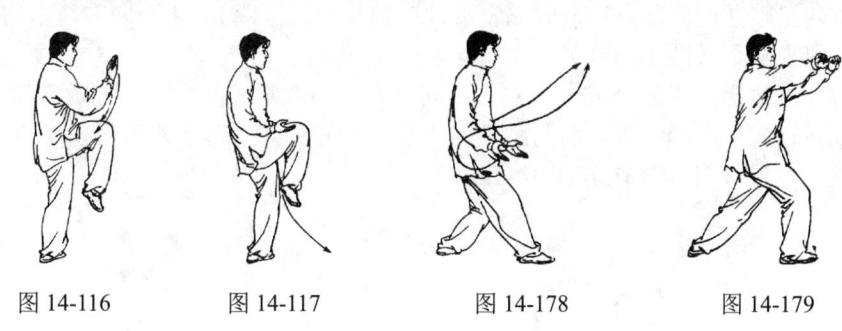

图 14-116　　　图 14-117　　　图 14-178　　　图 14-179

要点:完成式时,头颈正直,松腰松胯,两拳松握,沉肩垂肘,两臂均保持弧形;双峰贯耳式的弓步和身体方向与右蹬脚方向相同;弓步的两脚跟横向距离10～20厘米。

四、第四段

1. 转身左蹬脚

(1) 左腿屈膝后坐,身体重心移至左腿,上体左转,右脚尖里扣;同时两拳变掌,由上向左、右画弧分开平举,手心向前。眼视左手(图14-120和图14-121)。

(2) 身体重心再移至右腿,左脚收到右脚内侧,脚尖点地;同时两手由外圈向里圈画弧合抱于胸前,左手在外,手心均向后。眼平视左方(图14-122和图14-123)。

(3) 两手臂左、右画弧分开平举,肘部微屈,手心均向外;同时左腿屈膝提起,左脚向左前方慢慢蹬出。眼视左手(图14-124和图14-125)。

要点:与"右蹬脚"式相同,唯左右相反;左蹬脚方向与右蹬脚方向呈180°(正西偏北约30°)。

图 14-120　　图 14-121　　图 14-122　　图 14-123　　图 14-124　　图 14-125

2. 左下势独立

(1) 左腿收回平屈,上体右转;右掌变成勾手,左掌向上、向右画弧下落,立于右肩前,掌心斜向后。眼视右手(图14-126和图14-127)。

(2) 右腿慢慢屈膝下蹲,左腿由内向左侧(偏后)伸出,成左仆步;左手下落(掌心向外)向左下顺左腿内侧向前穿出。眼视左手(图14-128和图14-129)。

119

图 14-126 　　　　图 14-127 　　　　图 14-128 　　　　图 14-129

（3）身体重心前移，左脚跟为轴，脚尖尽量向外撇，左腿前弓，右腿后蹬，右脚尖里扣，上体微向左转并向前起身；同时左臂继续向前伸出（立掌），掌心向右，右勾手下落，勾尖向后。眼视左手（图 14-130）。

（4）右腿慢慢提起平屈，成左独立势；同时右勾手变掌，并由后下方顺右腿外侧向前弧形上挑，屈臂立于右腿上方，肘与膝相对，手心向左；左手落于左胯旁，手心向下，指尖向前。眼视右手（图 14-131 和图 14-132）。

图 14-130 　　　　图 14-131 　　　　图 14-132

要点：右腿全蹲时，上体不要过于前倾；左腿伸直，左脚尖须向里扣，两脚脚掌全部着地；左脚尖与右脚跟踏在中轴线上。

上体要立直，独立的腿要微屈，右腿提起时脚尖自然下垂。

3. 右下势独立

（1）右脚下落于左脚前，脚尖着地，然后左脚前掌为轴脚跟转动，身体随之左转，同时左手向后平举变成勾手，右掌随着转体向左侧画弧，立于左胸前，掌心斜向后。眼视左手（图 14-133 和图 14-134）。

（2）同"左下势独立"（2）解，唯左右相反（图 14-135 和图 14-136）。

图 14-133 　　　　图 14-134 　　　　图 14-135 　　　　图 14-136

（3）同"左下势独立"（3）解，唯左右相反（图 14-137）。

（4）同"左下势独立"（4）解，唯左右相反（图 14-138 和图 14-139）。

要点：右脚触地后必须稍微提起，然后再向下仆腿；其他均与"左下势独立"相同，唯左右相反。

图 14-137 　　　　　　　图 14-138 　　　　　　　图 14-139

4. 左右穿梭

（1）身体微向左转，左腿向前落地，脚尖外撇，右脚跟离地，两腿屈膝成半坐盘式；同时两手在左胸前成抱球状（左上右下）；然后右脚收到左脚内侧，脚尖点地。眼视左前臂（图 14-140～图 14-142）。

图 14-140 　　　　　　　图 14-141 　　　　　　　图 14-142

（2）身体右转，右脚向右前方迈出，屈膝弓腿成右弓步；同时右手由脸前向上举并翻掌停架在右额前，手心斜向下；左手先向左下，再经体前向前推出，高于鼻尖平，手心向前。眼视左手（图 14-143～图 14-145）。

图 14-143 　　　　　　　图 14-144 　　　　　　　图 14-145

（3）身体重心略向后移，右脚尖稍向外撇，随即身体重心再移到右腿，左脚跟进，停于右脚内侧，脚尖点地；同时两手在胸前成抱球状（右上左下）。眼视右前臂（图 14-146 和图 14-147）。

（4）同（2）解，唯左右相反（图 14-148～图 14-150）。

要点：完成姿势面向斜前方（如面向南起势，左、右穿梭方向分别为正西偏北和正西偏南，均约 30°）；手推出后，上体不可前俯；手向上举时，防止两肩上耸；一手上举一手前推要与弓腿松腰上下协调一致；做弓步时，两脚跟的横向距离为 30 厘米左右。

121

图 14-206 　　　图 14-207 　　　图 14-148 　　　图 14-149 　　　图 14-150

5. 海底针

（1）右脚向前跟进，身体重心移至右腿，左脚稍向前移举步；右手下落经体前向后、向上提抽至肩上耳旁，左手下落至体前侧（图 14-151）。

（2）左脚尖点地成左虚点；同时身体稍向右转；右手再随身体左转，由右耳旁斜向前下方插出，掌心向左，指尖斜向下；与此同时，左手向前、向下画弧落于左胯旁，手心向下，指尖向前。眼视前下方（图 14-152）。

要点：身体要先向右转，再向左转。完成姿势，面向正西；上体不可太前倾；不要低头和臀部凸出；左腿要微屈。

图 14-151 　　　　　　　　　　图 14-152

6. 闪通臂

（1）上体稍向右转，左脚微回收举步。同时两手上提。眼视前方（图 14-153）。

抬左脚向前迈出，脚跟着地；左、右两手分别向左前、右后分开；左手心向前，右手心向外。眼视前方（图 14-154）。

（2）重心前移，左腿屈膝弓成左弓步；同时右手屈臂上举，停于右额前上方，掌心翻转斜向上，拇指朝下；左手由胸前随重心前移慢慢向前推出，高与鼻尖平，手心向前。眼视左手（图 14-155）。

图 14-153 　　　　　图 14-154 　　　　　图 14-155

要点：完成姿势上体自然正直，松腰松胯；左臂不要完全伸直，背肌要伸展开；推掌、举手和弓腿的动作要协调一致；弓步时，两脚跟横向距离不超过 10 厘米。

7. 转身搬拦捶

（1）上体后坐，身体重心移至右腿上，左脚尖里扣；身体向右后转，然后身体重心再移至左腿上；与此同时，右手随着转体向右、向下（变拳）经腹前画弧至左肋旁，拳心向下；左掌上举于头前，掌心斜向上。眼视前方（图14-156和图14-157）。

（2）向右转体，右拳经胸前向前翻转撇出，拳心向上；左手落于左胯旁，掌心向下，指尖向前；同时右脚收回后（不要停顿或脚尖点地）即向前迈出，脚尖外撇。眼视右掌（图14-158和图14-159）。

图14-156　　　图14-157　　　图14-158　　　图14-159

（3）身体重心移至右腿上，左腿向前迈出一步；左手上起经左侧向前上画弧拦出，掌心向前下方；同时右拳向右画弧收到右腰旁，拳心向上。眼视左手（图14-160和图14-161）。

图14-160　　　　　　　图14-161

（4）左腿前弓成左弓步，同时右拳向前打出，拳眼向上，高与胸平，左手附于右前臂里侧。眼视右拳（图14-162）。

要点：右拳不要推得太紧，回收时前臂要慢慢内旋画弧，然后再外旋停于右腰旁，拳心向上；向前打拳时，右肩随拳略向前引伸，沉肩垂肘，右臂要微屈；弓步时，两脚横向距离为10厘米左右。

8．如封似闭

（1）左手由右腕下向前伸出，右拳变掌，两手手心逐渐翻转向上并慢慢分开回收；同时身体后坐，左脚尖翘起，身体重心移至右腿。眼视前方（图14-163～图14-165）。

（2）两手在胸前翻掌，向下经腹前再向上、向前推出；腕部与肩平，手心向前；同时左腿前弓成左弓步。眼视前方（图14-166～图14-168）。

要点：身体后坐时，避免后仰，臀部不可凸出；两臂随身体回收时，肩、肘部略向外松开，不要直着抽回；两手推出宽度不要超过两肩。

图14-162　　　图14-163　　　图14-164　　　图14-165

123

图 14-166 　　　　　图 14-167 　　　　　　　图 14-168

9. 十字手

（1）屈膝后坐，身体重心移向右腿，左脚尖里扣，向右转体；右手随着转体动作向右平摆画弧，与左手成两臂侧平举，掌心向前，肘部微屈；同时右脚尖随着转体稍向外撇，成右侧弓步。眼视右手（图14-169和图14-170）。

图 14-169 　　　　　　　　　　　图 14-170

（2）身体重心慢慢移至左腿，右脚尖里扣，随即向左收回，两脚距离与肩同宽，两腿逐渐蹬直，成开立步；同时两手向下经腹前向上画弧交叉合抱于胸前，两臂撑圆，腕高与肩平，右手在外，成十字手，手心均向后。眼视前方（图14-171和图14-172）。

要点：两手分开和合抱时，上体不要前俯；站起时，身体自然正直，头要微向上顶，下颌稍向后收；两臂环抱时须圆满舒适，沉肩垂肘。

10. 收势

（1）两手向外翻掌，手心向下，两臂慢慢下落，停于腹前。眼视前方（图 14-173 和图14-174）。

（2）两腿缓缓蹬直，同时两掌慢慢下落至大腿侧，然后收左脚成并步直立。眼视前方（图14-175和图14-176）。

要点：两手左右分开下落时，要注意全身放松，同时气也徐徐下沉（呼气略加长）；呼吸平稳后，再收左脚。

图 14-171 　　　图 14-172 　　　图 14-173 　　　图 14-174 　　　图 14-175 　　　图 14-176

第四部分　休闲体育部分

第十五章　艺术体操

第十六章　轮滑

第十七章　健美操

第十五章 艺术体操

第一节 艺术体操运动简介

一、艺术体操的特点及锻炼价值

（1）艺术体操是以自然性和韵律性为基础的节奏运动。通过练习摆动、弹性动作和波浪动作，能正确调节身体不同部位在不同时间与空间的力度、速度、幅度，从而使动作充分体现出节奏和韵律。

（2）艺术体操是在音乐伴奏下进行的运动。音乐是构成艺术体操完美整体的重要因素，即灵魂。它能使练习者合理地用力，控制动作速度，提高动作的节奏感与表现力。

（3）艺术体操要利用轻器械进行练习。通过各种器械练习，能有效地增强各关节的柔韧性，提高肌肉用力的灵敏与准确性，从而也充分体现出身体与器械配合的完美表演。

二、艺术体操的内容及分类

（1）艺术体操动作内容丰富多彩，根据动作性质及练习形式，可以分为徒手练习和手持轻器械练习。

徒手练习：它是艺术体操的基础。徒手内容包括各种走、跑、跳跃、舞步、波浪、摆动、绕环、转体、平衡和近似技巧的一些基本动作。在单个动作的基础上，可进行各类组合练习及成套练习，为学习手持轻器械运动打下基础。

手持轻器械练习：艺术体操练习所使用的轻器械种类繁多，适应教学可用纱巾、短带、旗、扇等编操。在正式比赛中只能使用绳、圈、球、棒、带五种。

（2）根据不同的目的和任务，艺术体操可分为一般性艺术体操和竞技性艺术体操两类。

一般性艺术体操：主要目的在于增进练习者的身体健康，发展协调、柔韧、灵敏等素质，促进形体健美的形成和朝气蓬勃的精神面貌。一般在音乐伴奏下以集体练习为主，不受场地、器械、人数的限制，对练习者身体素质要求不高，动作多样，难度不大，容易接受，便于普及。

竞技性艺术体操：它是在自然和协调动作基础上，要求以更精确优美并具有一定难度技巧的身体与器械动作，在音乐伴奏下进行个人和集体的成套竞技性练习。在专门的竞赛规则中，有时间、难度、场地、人数、器械规格等规则要求。要通过系统训练才能达到一定水平的艺术修养和扎实的基本技术。

三、徒手基本动作

站立方向术语：芭蕾舞将舞台分为八个方向（图15-1）。

站立基本姿态要点：头正直，两肩下沉，背部挺直，收腹立腰，臀部和两腿肌肉收紧，目视前方。

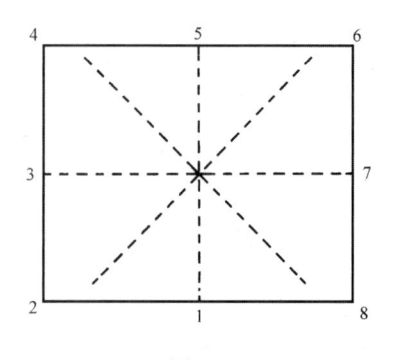

图15-1

1点—正前方；2点—右前方；3点—右侧方；4点—右后方；
5点—正后方；6点—左后方；7点—左侧方；8点—左前方。

第二节 艺术体操运动的锻炼方法

一、基本位置练习

1. 站立的基本姿势

头正直，肩下沉，挺胸，收腹立腰，臀部和两腿肌肉收紧，目平视。

2. 脚的基本位置

（1）基本站立位置：自然站立，并腿站立，点立。

（2）艺术体操脚的五个基本位置，如图15-2所示。

一位：两脚跟靠拢，脚尖向两侧，两脚成一横线。

二位：脚尖向两侧，两脚跟左、右相距约一脚，两脚成一横线。

三位：脚尖向两侧，一脚跟平行相靠在另一脚弓处，平行横立。

四位：两脚前后平行，两脚相距约一脚，脚尖向两侧。

五位：两脚前后平行相靠，脚尖向两侧。

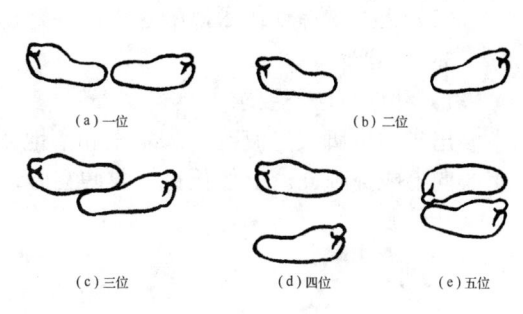

图 15-2

3. 手臂的基本位置

手臂的基本要求：松肩，肘、腕自然微屈，手呈弧形，手指自然放松展开，大拇指和中指稍向里合（图15-3和图15-4）。

一位：两臂体前下垂，指尖相对，掌心稍向内。

二位：两臂保持弧形前举（稍低于肩），掌心相对。

三位：两臂保持弧形上举（稍偏前），掌心向内下方。

四位：一臂上举，一臂前举。

五位：一臂上举，一臂侧举（掌心向前下方）。

六位：一臂前举，一臂侧举。

七位：两臂侧举（掌心向前下方）。

图 15-3

图 15-4

二、基本步法与舞步练习

1. 柔软步

1）动作方法与要求

摆动腿和脚面绷直向前伸出，由脚尖过渡到全脚掌落地，重心前移，两腿依次交替进行，收腹、立腰、眼平视。动作自然、柔和（图15-5）。

2）练习顺序

（1）两手叉腰练习慢动作（两拍一动），掌握要领后，可加快速度（一拍一动练习）。

（2）配合两臂前后摆动的完整练习，然后配合不同的手臂动作变化。

2．足尖步

1）动作方法与要求

膝和脚面绷直向前伸出（脚尖稍向外），由脚尖过渡到前脚掌落地支撑，重心前移，两腿交替进行。身体正直，收腹立腰，步幅均匀不宜过大，提踵高（图15-6）。

2）练习顺序

（1）单手扶把练习，慢速做，体会动作要领，初步掌握后，再两手叉腰练习。

（2）正确掌握动作后，配合不同手臂动作变化练习。

3．弹簧步

1）动作方法与要求

出脚时由脚尖过渡到全脚掌柔和落地，依次弯曲踝、膝关节，接着依次伸直膝、踝，重心向上成提踵立。上体正直，收腹立腰，步幅适中，有弹性（图15-7）。

图15-5　　　　　　　图15-6　　　　　　　图15-7

2）练习顺序

（1）在掌握柔软步和足尖步的基础上，练习弹簧步。

（2）单手扶把做慢动作，体会完整的动作要点。

（3）两手叉腰或配合两臂自然前后摆动练习。

4．华尔兹步

1）动作方法与要求

三拍完成。第一拍做一次弹簧步；第二、三拍做两个足尖步。

向前、向后华尔兹，三步要均衡。

向侧华尔兹，第三步并腿。

转体华尔兹，第二拍向前足尖步同时转体180°，第三拍并腿提踵立。动作连贯，起做柔和（图15-8～图15-11）。

图15-8　　　　　　　　　　　　图15-9

2）练习顺序

（1）复习柔软步、足尖步和弹簧步。

（2）由慢到快，学习向前华尔兹，然后学习向后华尔兹和向侧华尔兹，两手叉腰。

（3）结合手臂波浪及各种手臂动作练习。

图 15-10　　　　　　　　　　图 15-11

三、摆动与绕环练习

1. 摆动

以身体某一关节为轴做自然、柔和的钟摆动作。其动作有手臂摆动、腿的摆动和躯干摆动等。

（1）手臂向前、侧、后摆动，如图 15-12～图 15-14 所示。

图 15-12　　　　　图 15-13　　　　　图 15-14

（2）行进间或原地向前、侧、后踢腿，如图 15-15 和图 15-16 所示。

（3）向左、右、前、后躯干摆动，如图 15-17 和图 15-18 所示。

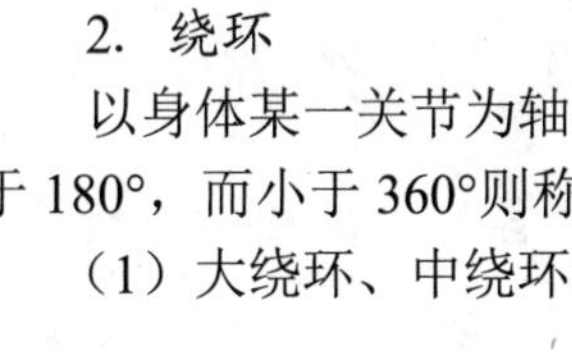

图 15-15 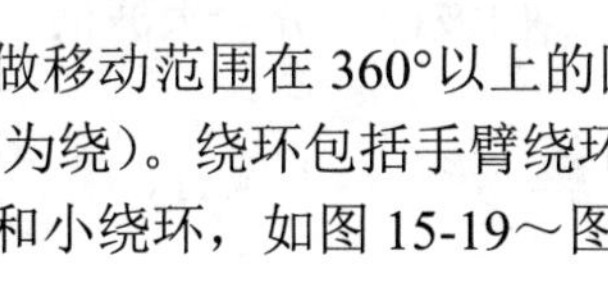　　　图 15-16 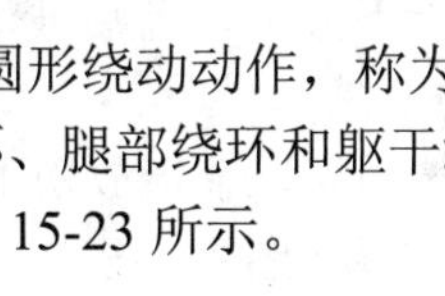　　　图 15-17 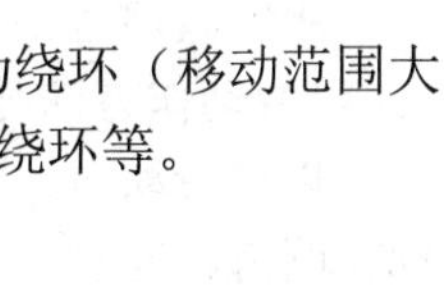　　　图 15-18

2. 绕环

以身体某一关节为轴做移动范围在 360°以上的圆形绕动动作，称为绕环（移动范围大于 180°，而小于 360°则称为绕）。绕环包括手臂绕环、腿部绕环和躯干绕环等。

（1）大绕环、中绕环和小绕环，如图 15-19～图 15-23 所示。

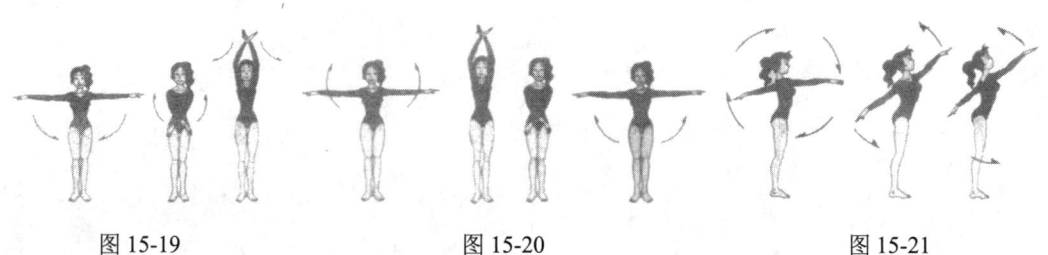

图 15-19　　　　　图 15-20　　　　　图 15-21

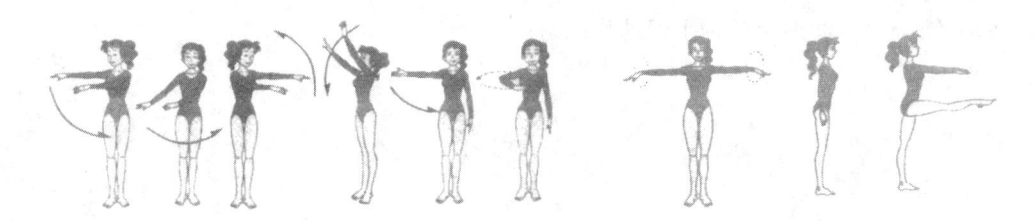

图 15-22　　　　　　　　　　　　　　图 15-23

以肩为轴的称大绕环，以肘为轴的称中绕环，以腕为轴的称小绕环。

（2）腿部绕环，如图 15-24 所示。以髋、膝、踝为轴做圆形的绕环动作，如单腿由前经侧向后绕。

（3）躯干绕环，如图 15-25 所示。躯干绕环是上体弯曲的一种动作，有上体向前、向侧、向后弯曲。

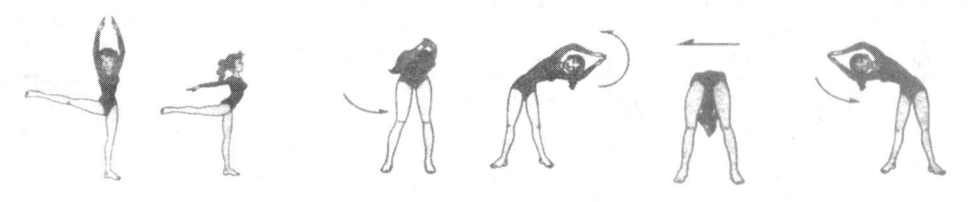

图 15-24　　　　　　　　　　　　　　图 15-25

3．练习顺序

（1）单手扶把做慢速度及小幅度摆动和绕环练习，体会正确的动作要领。

（2）离把小幅度动作练习。

（3）离把完整练习，幅度由小到大，左、右交替进行。

（4）结合各种身体动作和步法进行练习。

四、波浪练习

波浪形动作是艺术体操的典型动作，其特点是参加运动的身体各关节间的屈、伸按顺序呈依次连贯的推移运动，它包括了手臂波浪和身体波浪，可向前、后、侧做，动作可大可小。

1．手臂波浪

手臂波浪包括上下波浪、前后波浪、内波浪，分为大波浪、中波浪、小波浪。

1）动作方法与要求

以肩带动肘，腕稍屈，手指放松下垂，接着稍下压肘、腕、指各关节依次伸直至侧举。动作圆滑、连贯、舒展（图 15-26）。

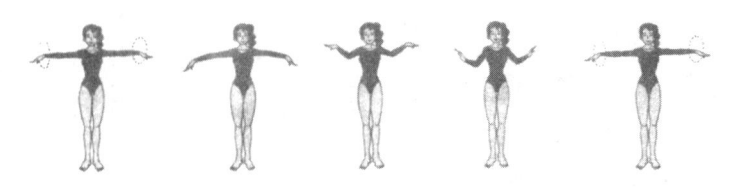

图 15-26

2）练习顺序

（1）原地练习单臂波浪，再做双臂波浪，初步掌握后可练习两臂依次波浪。

（2）结合舞步变换不同部位及不同节奏做练习。

2. 身体波浪

身体波浪包括躯干波浪和全身波浪。全身波浪又有向前、向后、向侧波浪。

1）躯干波浪

由腰骶部开始经胸、颈依次前挺，上体逐渐前倾 90°，背成凹形。接着由腰经颈依次弯曲至含胸低头，背成凸形，上体逐渐抬起（图 15-27 和图 15-28）。

图 15-27

图 15-28

2）全身波浪

（1）身体向前波浪：屈膝半蹲，含胸低头开始，踝、膝、髋、腰、胸、颈、头依次向前挺出，两臂经前向后摆至上举（图 15-29）。

图 15-29

（2）身体向后波浪：两臂上举，上体后屈开始，膝、髋、腰、胸、颈、头依次弯曲，向后拱起，使背部成弓形，两臂经后下摆至前举（图 15-30）。

（3）身体向侧波浪：上体左侧屈开始，移重心经两腿半蹲姿势，接着从膝、髋、腰、胸、头向右前方依次挺起（图 15-31）。

图 15-30　　　　　　　　　　图 15-31

3）练习顺序

（1）单手或双手扶把做慢动作身体波浪。

（2）离把做慢动作身体波浪。

131

（3）连续做身体波浪，逐渐加快速度、加大幅度。

（4）结合舞步、身体动作或交换不同的部位及不同节奏做身体波浪。

五、基本跳步练习

艺术体操跳跃的形式繁多，有单腿起跳、双腿或单腿落地，双腿起跳、单腿或双腿落地等。它包括小跳、中跳和大跳，可在原地、行进间或空中转体完成。

1. 一位小跳

一位站立，手叉腰，两腿经半蹲用力上跳，膝和脚面绷直，收腹立腰，以前脚落地过渡到全脚掌成半蹲（图15-32）。

2. 向前吸腿跳

一脚向前一步后有力蹬地跳起，摆动腿主动吸腿，收腹立腰，挺胸抬头（图15-33）。

图15-32 　　　　　　　　　　图15-33

3. 向前屈膝交换腿跳

支撑腿蹬地跳起，同时两腿依次向上摆至最高点交换（大腿与小腿成钝角，膝稍向外，脚面绷直），上体正直（图15-34）。

4. 交换腿跳转体180°

蹬地腿向上起跳，摆动腿直腿前上摆，同时以脚尖内转和头部转动带动髋及上体转180°，两腿迅速交换，摆动腿落地，另一腿后举（图15-35）。

图15-34　　　　　　　　　　图15-35

5. 向前大跨跳

左腿向前一步蹬地跳起，同时右腿伸直向前上跨出，空中两腿前后分开，收腹立腰，一臂后举，另一臂侧举，接着右脚柔和落地，左腿后举（图15-36）。

6. 练习顺序

（1）借助劈叉做跳跃辅助练习。

（2）离把做小幅度跳跃练习。

图15-36

（3）结合手臂动作进行完整练习，结合其他跳跃练习，动作幅度由小到大。

第十六章 轮　　滑

第一节　轮滑运动简介

　　1863年，美国人詹姆士·普利普顿发明轮滑运动，后迅速传到欧洲和世界各地，在欧美国家开展较普遍，已发展为竞赛项目。作为一项娱乐活动，轮滑运动在19世纪末传入我国。当时仅有沿海个别城市有所开展，如今已经在全国范围开展起来，已建立4000多个轮滑场地，有了广泛的群众基础。

　　轮滑俗称"滑旱冰"，是脚蹬四轮特制鞋在坚实平坦的地面上进行滑行运动。轮滑运动是一项融健身、竞技、娱乐、趣味、技巧、休闲、惊险于一体的风靡世界的运动，非常适合大众健身。轮滑运动能锻炼身体、增强体质、消除疲劳、调节精神。轮滑包括速度轮滑、花样轮滑和轮滑球及单排轮滑和双排轮滑。在轮滑场上举行的轮滑项目即是花样轮滑，速滑分公路赛和场地赛两种。场地赛项目男子有500米、1000米、1500米、3000米、5000米、10000米、20000米等项；女子有500米、1000米、3000米、5000米、10000米等项。

　　1980年，明尼苏达州两位热爱冰上曲棍球的兄弟，为了在球季之余能够继续练习，便将轮子装在刀底座之内，于是产生了第一双单排轮滑鞋。正式的学名为In-Line Skate，这就成了今天单排轮滑的正式名称。

　　1995年，ESPN第一届极限运动便把特技单排轮滑运动推向了全世界。特技单排轮滑运动起源于美国，其特技鞋也不同于普通单排轮滑鞋，在单排轮滑上附加了许多配件。最终比单排轮滑更刺激。

第二节　轮滑的锻炼方法

一、站立

　　站立可采取外"人"字或"丁"步站立方法。两脚左右开立，重心在两腿之间，膝部微屈，上体稍前倾，两臂在体侧自然下垂，以控制身体平衡，目视前方。

二、踏步和行走

　　1. 踏步

　　身体成基本站立姿势，上体稍前倾，大腿向上抬起，膝关节弯曲，小腿自然放松，重心移至支撑腿，脚腕用力控制轮子的滑动，以保持抬腿时身体重心前移平衡。两腿交替进行踏步练习。

　　2. 行走

　　掌握踏步技术后，即可进行行走练习。练习时，步幅不宜过大，行走中两脚成外"八"字形，身体重心随摆动腿的上抬而向前移动，落地的支撑要稳，上体稍前倾，两臂自然摆动，目视前方。

三、滑行

1. 单蹬双滑

单蹬双滑即单脚蹬地，双脚向前滑行。练习时左脚在前成"丁"字步站立，膝部弯曲，以右脚内侧轮向身体侧后方蹬地，左脚尖外撇向前滑出，重心随之移至左脚，同时右脚自然收至左脚旁成双足着地向前滑行。重复交替进行。滑行时要求上体前倾，肩部放松，两臂在体侧自然摆动。

2. 交替单蹬单滑

交替单蹬单滑即两脚交替蹬地，两脚交替单足向前滑行。左脚在前，成"丁"字步站立，以右脚内侧轮向身体的侧后方蹬地，左腿屈膝向前滑出，重心逐渐移至左腿成单足支撑滑行。右脚蹬地后，在左脚侧后方自然做至靠近左脚旁落地滑出，脚尖稍向外展，再以左脚以内侧轮蹬地形成右脚单足支撑向前滑行，重复交替进行。

3. 前压步滑行

前压步滑行技术用于转弯，左、右脚皆可进行。以向左压步为例，右脚内侧轮蹬地，左脚以外侧轮蹬地并向前滑出，此时身体稍左转，重心偏向左脚外侧，右臂在前，左臂在后侧。滑行一段后，右脚内侧轮蹬地向前超越左脚在左前侧落地滑出。此时重心移至右脚内侧轮上，使内侧轮受力后向右内转弯滑出曲线。同时左脚用外轮在右后刨地，蹬后前移至左前侧，支撑滑行。

4. 直道滑行

（1）匀速长滑：用中速或慢速均匀地进行长时间、长距离的滑行，来体会直线滑行的动作要领。

（2）利用惯性滑行：起跑加大滑速以后，在获得较大的惯性和蹬地力量不大的情况下，以惯性滑行来体会正确的技术动作，改进直线滑行技术，特别应注意动作的准确性、身体放松与协调能力。

（3）尾随滑行：选出技术好的学生或教师领滑，学生则尾随在后，强调技术要领，强化模仿技术动作，速度应适当。

（4）轮流滑行：在学生技术有明显提高后，可以高速或较高速地进行轮流领选带滑，注意在速度提高下的技术动作规格，强化技术动作。

5. 弯道滑行

弯道滑行主要是在圆周上做高速运动，在向左侧改变运动方向的同时，两腿在大倾斜度下进行向外侧蹬地，是以交叉步伐形成的一种运动技术。弯道滑行的基本技术主要有进弯道、压步蹬地、摆臂、出弯道几个环节。

1）进弯道

进弯道滑行时，左脚外轮实着地做圆弧切线支撑，降低身体重心，使身体与体重完全压在左腿上，左右脚结束直线滑行的最后一步，滑轮的方向不能向右，应该朝正前方，并且，不宜拉长，然后左脚以外轮实着地，右脚蹬地。

2）压步蹬地

右脚蹬地结束后，身体姿势要低于直线滑行姿势，重心压在左腿上，身体向左倾斜，右腿从左脚上方交叉迈步落地。然后，左脚开始蹬地，身体重心倾移在右腿上，蹬地结束后，左腿收腿做圆弧的切线着地支撑，右腿再开始蹬地，交替形成弯道交叉步。

3）摆臂

右臂在弯道滑行时摆动较大，以肩为轴，大臂带动小臂前后摆动，略高于肩。左臂与右臂不同，大臂贴身摆动，幅度较小，短促有力，协调摆动与直线相同。摆臂的目的就是为了身体重心加速前移，增强蹬地的力量。

4）出弯道

出弯道最后一步是右脚滑出，右脚蹬地结束后，左脚支撑体重，使头、膝、踝三点为垂直线，保持身体正直，不要向左倾斜，右腿回收的同时，左脚开始蹬地，进入直线滑行。

四、停止

1. "丁"字形停止法

"丁"字形停止法用于横滑或后滑时的停止。以左脚在前为例，可以先用右脚滑行，然后，将左脚抬起，足尖向外、足跟向里，放在右脚后成"丁"字形，重心移至左腿，以增加滑行阻力，减速至停止。

2. 减速停止法

减速停止法用于快速滑行中的逐渐减速。使两脚内侧轮成内"人"字形，从而停止滑行。

3. 变向停止法

变向停止法是在滑行中采取改变滑行方向来达到急停目的，主要是向左或右转圈，停止滑行。

五、倒滑

倒滑是花样轮滑的基本滑行技术之一。一般有单、双脚滑行，是衔接跳跃、旋转等技术动作的主要滑法和助滑方法。

双脚平行倒滑：双腿弯曲，脚尖稍内扣。如用右脚向右蹬地滑行，侧右脚尖前轮向前外侧蹬地，重心移向左脚，右脚蹬地腿伸直后，放在左脚旁随滑，然后，交替进行下一次蹬地动作，滑行时，上体正直，两臂随摆或伸开，前轮用力。

注意事项：

（1）倒滑蹬地要向前外侧用力，以身体移动重心来加大滑速。

（2）蹬地力量要与身体重心相协调，分力不要过大，使滑速下降。

（3）不要只扭臀部而没有蹬地。

六、倒滑压步

倒滑压步是花样轮滑中跳跃、旋转、平衡等技术动作的速度来源，也是基本技术之一。

上体正直，两臂斜下伸展，屈膝，体重落在鞋的前轮上。以向左侧滑行压步为例：左肩、臂在前，形成反弓形，右脚以内轮蹬地结束后，在左脚上方交叉着地脚跟指向圆心，左脚以左外轮蹬地，身体继续向左移动，左脚蹬地结束后收腿，脚跟指向圆弧顶，然后进行第二次压步，以此交替进行。向右压步时动作相反。

注意事项：

（1）压步时身体不要前倾。

（2）如果压步时身体转不过来，可以采取头向外转来促进身体左肩领前，强化转身。

（3）压步时后脚跟必须指向圆心。

七、倒滑单脚内刃停止法

倒滑中两脚与肩同宽，微屈膝，停止时以右脚为立；则左脚脚跟横收，左脚外转呈90°，以内轮切地，左脚后引伸直，下降重心，身体前倾，两胸制动，摩擦产生阻力停止滑进。右腿动作则相反。

注意事项：后引腿内轮切地时，踝关节要收紧。

第三节　轮滑练习指导

一、轮滑练习方法

（1）原地做下蹲起立练习。
（2）扶栏杆进行移动重心练习。
（3）松手进行踏步练习。
（4）扶栏杆进行行走练习。
（5）在帮助下，做牵手行走练习。
（6）由滑行走过渡到滑行练习。
（7）单足、双足交替滑行。
（8）在帮助下进行停止技术练习。
（9）综合站立、滑行、停止的完整练习。

二、轮滑练习的注意事项

（1）提高自我安全意识，避免受伤。
（2）提高失去平衡后的自我保护能力。
（3）练习前熟悉场地，检查轮滑鞋。
（4）练习中遵循由易到难、由简到繁的原则。

第四节　轮滑运动的常识与注意事项

一、轮滑鞋保养

（1）切勿在草地、泥地上经过，因这样会磨损轮子，损坏轴承。
（2）下雨天水泥地板很滑，水会使轴承生锈。
（3）如果轴承生锈，买一小瓶润滑油（汽油、机油也可），将轴承放进去泡三四天即可。
（4）如果鞋套太薄，可以买一个气囊鞋垫。

二、注意事项

（1）穿适合自己的鞋。对于初学者，大小合适的轮滑鞋至关重要；否则，轻则影响技术动作的掌握，重则引发伤害事故。并且要根据所参与的轮滑运动的类型选择轮滑鞋，速度轮滑、花样轮滑、轮滑球和极限轮滑对鞋的要求各不相同。
（2）要有正确的技术指导。学习任何一项运动，基础入门是最重要的。
（3）要有必要的安全保护措施。对于初学者，安全护具必不可少，主要包括护腕、护肘、护膝，其他护具如手套、护踝、护腿、护身，在参加不同的项目时可以有所选择地加以使用。

三、自我保护方法

自我保护除要求穿着必备的防护用品外，还应注意自身的保护防范措施：
（1）将要摔倒的一瞬间失去平衡后，不要用手硬性撑地和挣扎，要降低身体重心顺势倒下，团身。
（2）摔倒时要顺身体关节弯曲，以四肢收缩形成缓冲，减少下降的重力和速度。
（3）出现后摔要团身，收下颌，不要仰头，防止后脑着地。
（4）摔倒起来时，要先用一条腿弯曲撑地，然后再用另一条腿同时蹲稳，慢慢起来，以防止连续摔倒。

第十七章　健　美　操

第一节　健美操运动简介

一、健美操的概念

现代健美操是从 20 世纪 60 年代初开始萌芽的，最初是美国太空总署医生库帕博士为太空人设计的体能训练阿洛别克项目。1969 年，杰姬·索伦森综合了体操和现代舞创编了健美操。这种操带有娱乐性，简单易学，深受人们的欢迎，70 年代在美国迅速兴起。美国健美操代表人物简·方达，为健美操在世界的推广做出了杰出的贡献。

健美操是融体操、音乐、舞蹈于一体，通过徒手、手持轻器械或专门器械的操化练习，达到健身、健美和健心目的的一种新兴娱乐、观赏性体育项目。健美操是以健身美体为主要特点的运动项目，其内容丰富，简单易学，变化繁多，不受年龄、性别、场地、器械的限制，可使全身各类关节都得到充分的活动，各部位的肌肉得到均衡的发展，塑造出良好的体态。

目前，世界健美操和我国健美操种类繁多，分类方法也各不相同，如果根据健美操活动的目的和所要解决的主要任务为标准来划分，归纳起来可分为健身、竞技、表演三大类健美操。

二、健美操的锻炼价值

1. 增强体质、增进健康

经常从事健美操锻炼，对身体许多器官、系统会产生良好的影响。长期参加健美操锻炼可以使心肌增厚，心腔容量增大，血管弹性增强，进而提高心脏的功能。健美操锻炼对呼吸系统的机能也有良好的影响，它能提高呼吸深度，增加每次呼吸时的气体交换量，这既有利于呼吸肌的休息，又可提高呼吸系统的功能储备，提高机能水平。健美操锻炼还能提高消化系统的机能，有助于营养物质的吸收和利用，从而提高对疾病的抵抗能力。另外，经常进行健美操锻炼，还可以提高关节灵活性，增强肌肉和结缔组织的弹性。

2. 改善体形、端庄体态

健美操的独到之处，是它可以对身体比例的均衡产生积极的影响，特别是能增加胸背肌肉的体积，消除腰腹部沉积的多余脂肪，使体态变得丰满，线条优美，秀丽动人。通过经常性正确的形体动作训练，能矫正不正确的身体姿势，培养正确端庄的体态，使锻炼身体者的形体和举止风度都发生良好的变化。

3. 调节心理、陶冶情操

优美明快的音乐节奏、活泼愉快的形体动作，可以使人陶冶在美的韵律之中，很快排除心理上的紧张与烦恼，身心得到全面调节，精神面貌和气质修养都会有所改善和提高。特别是健美操是一种群体运动，在集体场所进行，能使练习者体验到个人与集体的关系，把"我"置于"我们"之中，起到协调人与人之间的关系的作用。通过集体配合练习，还有助于增进友谊，结交朋友，提高群体意识。

4. 提高神经系统机能、发展身体素质

健美操是在中枢神经系统的支配下进行的活动，反过来，通过健美操锻炼也能提高中枢神经系统的机能水平。它能够提高神经过程的强度、集中能力、均衡能力和灵活性，使人视野广阔，感觉敏锐，增强分析综合能力。健美操是一项要求力度和幅度的身体练习，经常参加健美操运动可使肌肉的力量得到增强，肌腱、韧带、肌肉的弹性得以提高，从而发展了人体的力量和柔韧素质。健美操动作的路线、方向、速度、类型、力度等不断变化，可以加强人的动作记忆和再现力，提高神经系统的灵活性和均衡性，全面发展人的协调性。

三、健美操的特点

1. 健美性

健是美的基础。男性的健美与女性的健美风格各异。一般地说，男性的健美表现为刚健有力，动作豪放；女性的健美则是刚柔结合，端庄典雅，姿态优美，突出女性特点。健美操以健身为目的把动作美、姿态美、形体美、仪表美等有机地结合起来，通过单个动作和成套动作锻炼，有目的地促进人体匀称、健美的发展。

2. 韵律性

健美体操较多地采用世界流行的现代舞和摇滚乐，同时也吸收了民族舞蹈的基本动作和民族音乐。在练习中，音乐与身体各部位的屈、伸、摆、绕等动作交替进行，协调配合，从而使身体有节奏、有规律、欢快地运动着。

3. 动作类型多、运动量大

健美操的动作类型多，但简单易学，实用美观。它包括了上、下肢动作，髋、胸和小关节动作，不对称和变节奏动作等。从局部到整体，涉及身体各个部位。特别是成套动作练习，运动量较大，对人体的影响也大，所以锻炼价值较高。

4. 场地、器械要求不高，易普及

健美体操只要有音乐、有空间就可以进行，因此不受场地、器械的限制，只要愿意、喜欢，就可以进行锻炼，这也是近年来健美操迅速发展的原因之一。

第二节 健美操运动的锻炼方法

1998年9月，国家体育总局颁发了《全国健美操大众锻炼标准》，现做具体介绍。

一、一级测试动作

一级测试动作是大众健美操的入门课程，是以学习和掌握健美操最基本的、简单的原地步伐动作为主。本套动作共有65×8个8拍，主要有弹动、小跳、重心移动和简单的上肢自抗力量练习。通过学习，练习者可以了解并学会健美操的基本步伐，体会健美操锻炼带给自己的感受。

1. 前奏

2×8拍站立。

2. 8×8拍

①左脚开始踏步（图17-1（a）、(b)）。②两腿屈伸，一拍一动（图17-1（c）、(d)）。③~④同①~②。⑤原地踏步。⑥两腿屈伸，同时两臂体前屈伸。⑦~⑧同⑤~⑥。

要求：髋、膝、踝的屈伸及踏步有弹性。

3. 16×8拍

①1~4拍原地踏步（图17-2（a）），5~8拍踏步依次向两侧分开（图17-2（b））。②两

腿屈伸，双手叉腰（图 17-2（c）、(d)）。③同①。④两腿并腿屈伸，两手叉腰。⑤～⑧同①～④。⑨同①。⑩下肢动作同②，两臂依次屈伸。⑪同③。⑫下肢动作同④，两臂同时屈伸。⑬～⑯同⑨～⑫。

要求：膝与脚尖同方向。

上臂不动，前臂依次屈伸。

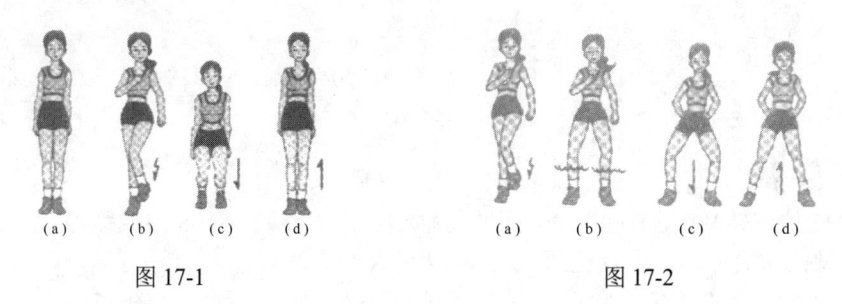

图 17-1　　　　　　　　　　图 17-2

4. 8×8 拍

① 1～4 拍左脚开始向前走四步（图 17-3（a）），5～8 拍弹动小跳（图 17-3（b））。②同①，方向相反（图 17-3（c）、(d)）。③～④同①～②。⑤～⑧动作同前，向左前方、右前方依次完成（图 17-3（e））。

要求：髋、膝、踝的屈伸。

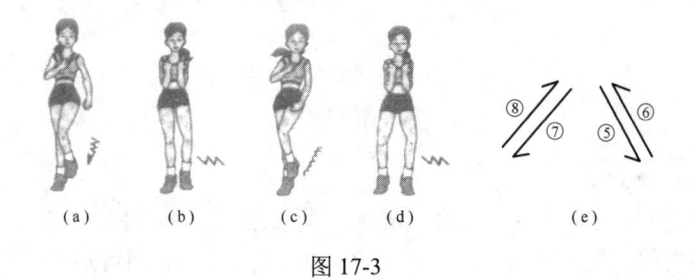

图 17-3

5. 4×8 拍

①1～4 拍左脚开始踏三步，点地一次，同时击掌一次（图 17-4（a）、(b)）。5～8 拍动作相同，方向相反。②同①。③依次足跟前点地，同时两臂经胸前平屈至侧上、侧下（图 17-4(c)～(f)）。④同③。

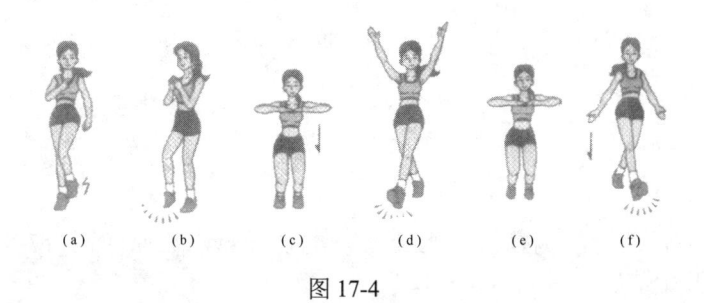

图 17-4

6. 8×8 拍

①经半蹲左右移重心侧点地，双手叉腰（图 17-5（a））。②两腿同时屈伸，两手叉腰（图 17-5（b））。③～④同①～②。⑤下肢动作同①，同时左右交替向前冲拳（图 17-5（c））。

139

⑥下肢动作同②,两手头上击掌、击髋(图 17-5(d)、(e))。⑦~⑧同⑤~⑥。

图 17-5

7. 4×8 拍

①1~4 拍左转 90°呈右腿跪立,两臂前举(图 17-6(a))。5~8 拍成跪撑(图 17-6(b))。②左、右脚依次后伸,足尖点地两次(图 17-6(c))。③同②。

④1~4 拍左、右手依次向后(图 17-6(d))。5~6 拍呈蹲立(图 17-6(e))。7~8 拍直立(图 17-6(f))。

要求:跪撑时注意收腹。

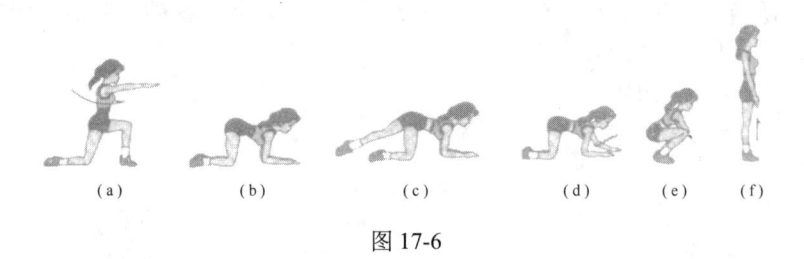

图 17-6

8. 12×8 拍

①~②1~2 拍左脚前弓步,右脚跟提起,两臂经侧前举(图 17-7(a))。3~4 拍右脚跟落下,同时两臂收至腰间(图 17-7(b))。③~④下肢不动,两臂后伸四次(图 17-7(c))。⑤~⑥向右转 90°侧弓步移重心,同时两臂侧举,头上交叉,侧举,体前交叉(图 17-7(d)~(g))。⑦~⑫与①~⑥相反。

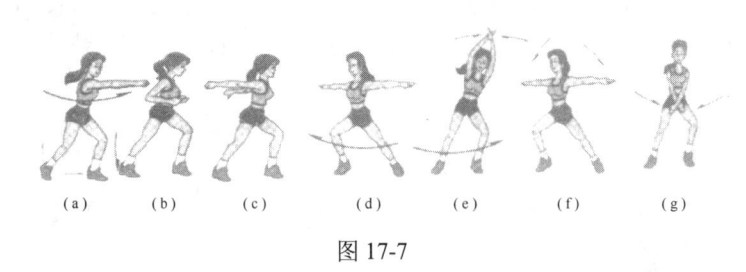

图 17-7

9. 3×8 拍

①分腿站立,两臂经侧摆至头上交叉,配合呼吸,还原(图 17-8(a)、(b))。②同①。③左脚开始踏步(图 17-8(c))。

二、二级测试动作

整套动作共计 55×8 个 8 拍,以学习和掌握健美操基本动作和基本步伐为主。其主要动作有踏步、弹动、弓步、蹲、移重心、侧并步、向前弹踢、开合跳等,配合简单的上肢

140

动作，保持中低强度的有氧训练。增加了腹背力量练习、伸拉练习等低强度有氧训练。

成套动作以 8×8 拍动作为一组。前 4×8 拍动作以基本步伐为主，后 4×8 拍动作在前 4×8 拍动作的基础上，配合简单的上肢动作或前后移动，每组动作基本上以两种基本步伐练习为主。

1. 前奏

1×8 站立。

2. 8×8 拍

①1~4 拍左脚开始向前走四步（图 17-9（a））。5~8 拍向左弹动小跳转 90°，同时两手前后自然摆动（图 17-9（b））。②~④同①。⑤~⑧与①~④相反。

图 17-8

图 17-9

3. 8×8 拍

①左、右侧弓走移重心四次，上体直立，两手叉腰（图 17-10（a）、(b)）。②两腿同时屈伸四次（图 17-10（c）、(d)）。③~④同①~②。⑤左、右侧弓走移重心四次，同时两臂经体前交叉至侧举（图 17-10（e）、(f)）。⑥两腿屈伸弹动四次，同时两臂经腰间向前冲拳四次（图 17-10（g）、(h)）。⑦~⑧同⑤~⑥。

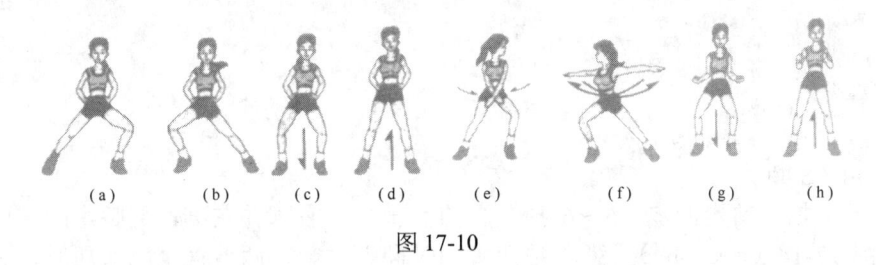

图 17-10

4. 8×8 拍

①左右移重心，侧点地，同时单手冲拳（图 17-11（a）、(b)）。②下肢动作不变，两臂经体前交叉向外大绕环四次（图 17-11（c）、(d)）。③~④同①~②。⑤同①，但向前移动。⑥同②，但向后退。⑦~⑧同⑤~⑥。

图 17-11

141

5. 8×8拍

①左右侧并步四次，两手叉腰（图17-12（a）～（d））。②1～4拍左、右脚各向前弹踢一次（图17-12（e））。5～8拍原地踏步四次（图17-12（f））。③～④同①～②。⑤下肢动作同①，同时两臂前后自然摆动（图17-12（g）、（h））。⑥1～4拍下肢动作同②，同时异侧手臂向上冲掌（图17-12（i））。5～8拍原地踏步四次。⑦～⑧同⑤～⑥。

图17-12

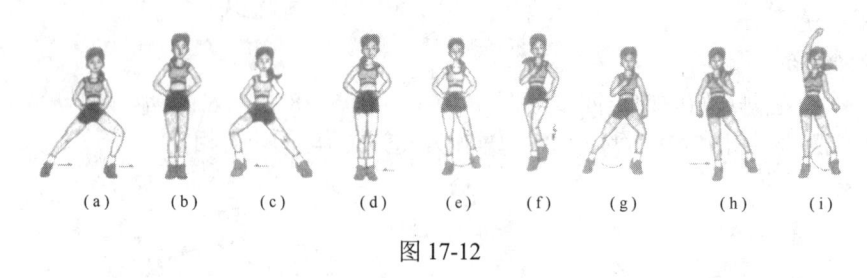

6. 8×8拍

①1～4拍两脚同时慢慢跳开，两手叉腰（图17-13（a）、（b））。5～8拍踏步还原。②同①。③两拍跳开，两拍跳合，两手叉腰（图17-13（c）、（d））。④连续四次开合跳，一拍一动。⑤1～4拍向前走四步。5～8拍连续两次原地开合跳，两手叉腰，向后退（图17-3（e）、（f））。⑥向前走四步。⑦1～4拍、5～8拍连续两次原地开合跳，同时两臂至胸前平屈两次（图17-13（g））。⑧同⑦，向后退。

图17-13

7. 14×8拍

①1～4拍向前走四步。5～6拍左脚向前一次，右脚并左脚，屈膝半蹲，两臂自然后摆（图17-14（a）、（b））。第7拍两脚同时向上跳起，两臂摆至胸前屈肘，大小臂夹角90°（图17-14（c））。第8拍两脚同时落地，屈膝缓冲，两手扶膝（图17-14（d））。②1～2拍左脚向前一步成单腿跪立，两臂经胸前交叉至头上侧上举（图17-14（e））。3～8拍左转90°呈盘腿坐，两臂于体侧支撑，手指向前（图17-14（f））。③1～4拍脚不离地，臀部离地（图17-14（g））。

要求：支撑时，收腰，稍含胸。

5～6拍还原。7～8拍胸前击掌一次，还原（图17-14（h））。④～⑥同③，但最后两拍呈仰卧，屈腿（图17-14（i））。⑦1～4拍仰卧起左肩，左臂至体前（图17-14（j））。

要求：走上体，右肩着地。

5～8拍还原。⑧同⑦，换左肩起。⑨～⑩同⑦～⑧。⑪1～4拍两腿伸直并拢，两臂上举，右转180°呈俯卧。5～8拍两臂收回于体侧撑起呈跪撑（图17-14（k））。⑫1～2拍两臂屈肘一次（图17-14（l）、（m））。

要求：屈肘时，肘外开。

142

3~4拍两臂撑起，同时右脚后点地（图17-14（h））。5~8拍同1~4拍，换左脚后点地。⑬同⑫。⑭1~4拍左腿后伸，身体重心后移呈屈膝卧姿，两臂上举（图17-14（o）、(p)）。5~8拍上体慢慢抬起成直立，左臂由上举至斜后举，右臂至体前屈，大小臂呈90°，握拳（图17-14（q））。

图17-14

要求：纵跳时，上体收腹，立腰。

三、三级测试动作

三级测试动作是健美操大众锻炼标准初级中的最后一部分，同时也是初级与中级的衔接部分。它共有57×8个8拍，在二级的基础上进一步掌握健美操基本步伐和典型动作，并在此基础上稍加变化，保持中低强度的有氧训练。动作的创编主要以对称为主，重复次数相对减少。在一个8拍当中出现两个动作。基本步伐有弹动、踏步、点步、高提膝、开合跳、弹踢和V字步等，并增加了90°的方向变化。素质练习以地面动作为主，在二级的基础上加大了强度。在学习这些动作时，应注意动作要领，并注意肌肉的控制与感觉。

1. 前奏

1×8拍。①1~2拍站立。左腿向左迈一步，双臂经体侧屈肘向上伸直至上举（图17-15（a）、(b)）。②3~4拍还原到准备状态。③5~6拍右腿向右迈一步，双臂经体侧向外画至头前，屈肘、分掌、掌心向外，身体不变（图17-15（c））。④7~8拍还原到准备姿态。

2. 8×8拍

①1~4拍原地弹动四次，双臂向上振动四次（图17-16（a））。5~8拍腿不变，双臂向下振动四次（图17-16（b））。②1~4拍向前走四步（图17-16（c））。5~8拍向后退四步（图17-16（d））。③~⑧同①~②。

3. 4×8拍

①1~4拍双腿弹动四次，同时脚尖、脚跟依次向外以踝关节为轴移动。同时双肘向内、内外开合（图17-17(a)~(d)）。5~8拍与1~4拍相反。第8拍击掌。②同第一个8拍。③1~

2拍左腿向左迈一步，半蹲，双臂体前小绕环（图17-17（e））。3～4拍收回左腿直立，击掌两次（图17-17（f））。5～8拍与1～4拍相反。④同③。

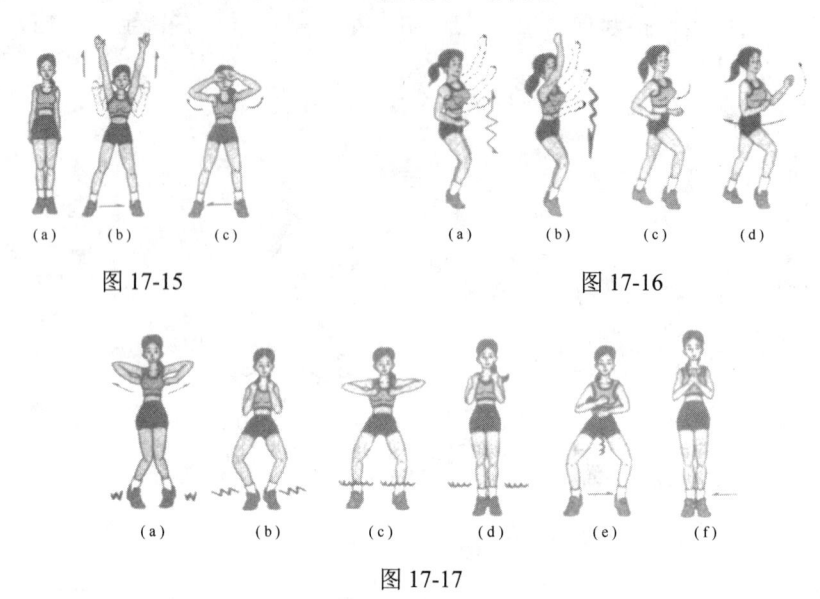

图 17-15

图 17-16

图 17-17

4. 8×8拍

①1～2拍原地踏步两次（图17-18（a））。3～4拍向左转踏步两次（图17-18（b））。5～6拍左腿向前弓步，右腿屈腿，大腿垂直地面，双臂出拳至前举（图17-18（c））。7～8拍身体直立（图17-18（d））。②1～4拍动作与第一个8拍1～4拍相反。5～6拍右腿向后迈成左脚在前的弓步，双臂侧平举。7～8拍身体直立。③～④与①～②相反。⑤～⑧同①～④。

图 17-18

5. 8×8拍

①1～2拍向左侧点步（图17-19（a））。3～4拍与1～2拍相反。5～8拍与1～4拍相同。②同①。③1～2拍腿与第一个8拍的1～2拍相同，双臂侧上举至体侧屈肘握拳（图17-19（b）、（c））。5～8拍与1～2拍相同。④同③。⑤1～4拍连续两侧点步。⑥同⑤。⑦1～4拍腿与第五个8拍相同。第1拍左臂体侧屈肘，并掌（图17-19（d））。第2拍左臂下举（图17-19（e））。第3拍左臂伸直侧上举（图17-19（f））。第4拍与第2拍相同。5～8拍与1～4拍相反。⑧同⑦。

6. 4×8拍

①1～4拍向左45°踏步四次（图17-20（a））。5～6拍提膝跳（图17-20（b））。7～8拍与5～6拍相反。②动作与第一个8拍相同，只是向右后踏步（图17-20（c））。③～④与①～②相反。

144

7. 4×8 拍

①开合跳四次（图 17-21（a）、(b)）。②向左转体 360°做弹踢，双臂由下至上举，做四次（图 17-21（c）、(d)）。③~④与①~②相反。

(a) (b) (c) (d) (e) (f)

图 17-19

(a) (b) (c) (a) (b) (c) (d)

图 17-20　　　　图 17-21

8. 8×8 拍

①第 1 拍左腿向左前迈一步，左臂侧下举，右臂叉腰（图 17-22（a））。2 拍右腿向左并步，重心在两腿间，右臂不变，左臂屈肘，手扶头后（图 17-22（b））。3~4 拍相反。5~8 拍腿的动作与 1~4 拍相反，向后退双臂由上举摆至下举（图 17-22（c））。②1~2 拍左脚开始 V 字步，同时左右臂依次胸前平屈（图 17-22（d））。3~4 拍左右腿依次还原，同时双手胸前击掌，还原（图 17-22（e））。5~8 拍同 1~4 拍。③~④与①~②相反。⑤~⑧同①~④。

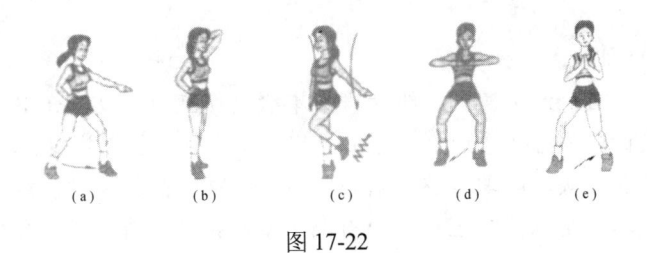

(a) (b) (c) (d) (e)

图 17-22

9. 2×8 拍

①1~4 拍向前走四步（图 17-23（a））。5~6 拍双臂并拢半蹲（图 17-23（b））。7~8 拍向上纵跳，落地缓冲（图 17-23（c）、(d)）。②1~2 拍左脚向左一步成半蹲，双臂绕至侧平举（图 17-23（e））。3~4 拍身体向左转 90°呈单膝跪，胸前屈肘握拳（图 17-23（f））。5~8 拍双手撑地，呈屈膝坐（图 17-23（g））。

10. 7×8 拍

①1~2 拍身体向上撑起，左腿前伸（图 17-24（a））。3~4 拍左腿还原，屈肘（图 17-23（b））。5~8 拍与 1~4 拍相反。②同①，只是 7~8 拍仰卧。③仰卧起坐（图 17-24（c））。

145

④与③相反。⑤～⑥同③～④。⑦1～4拍坐起，右腿呈单膝跪立（图17-24（d））。5～8拍站立，同时左转360°。

图17-23

图17-24

11. 7×8拍

①半蹲，左臂搬右肘（2拍一次）（图17-25（a））。②身体向左转90°，右腿半蹲，左腿前伸勾脚；双手扶左膝，身体下压（图17-25（b））。③身体面对前半蹲，身体前屈做波浪一次（图17-25（c））。④～⑥与①～③相反。⑦1～4拍双腿分立，身体立直，双臂上举（图17-25（d））。5～6拍双臂胸前屈肘（图17-25（e））。7～8拍双臂向下（图17-25（f））。

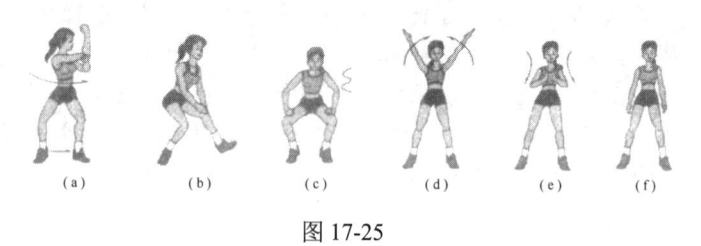

图17-25

四、四级测试动作

四级测试动作是大众健美操的中级课程。本级动作共有68×8个8拍，专为热衷于健美操的爱好者而设计。在初级基础上，增加了健美操的典型动作和复合动作，其内容丰富，动作变化较多，节奏加快，运动量逐渐增大，对心肺功能及各项身体素质的要求提高。

全套操动作基本上是以整段重复或反方向重复。拍节整齐，动作变化有规律，音乐节奏清晰，容易掌握。

1. 前奏

2×8拍站立；2×8拍踏步。

2. 8×8拍

①1～4拍左脚开始依次成开立、还原；5～8拍踏步（图17-26（a）～（c））。②1～4拍左脚开始前前、后后，两臂依次胸前屈，3～4拍时两臂同时向下振动两次（图17-26（d）、(e)）。5～8拍左右侧并步，两臂经肩侧屈上举（图17-26（f）、（g））。③1～4拍向左两次侧并步（图17-26（h）、（i））。5～8拍向右两次侧并步。④1～4拍左脚开始V字步（图17-26（j））。5～8拍再做一次V字步，同时左右击掌（图17-26（k））。⑤～⑧同①～④。

要求：还原成并立时稍屈膝，稍含胸；注意膝关节的弹性；并腿时稍屈膝；V字步每次要还原到原位。

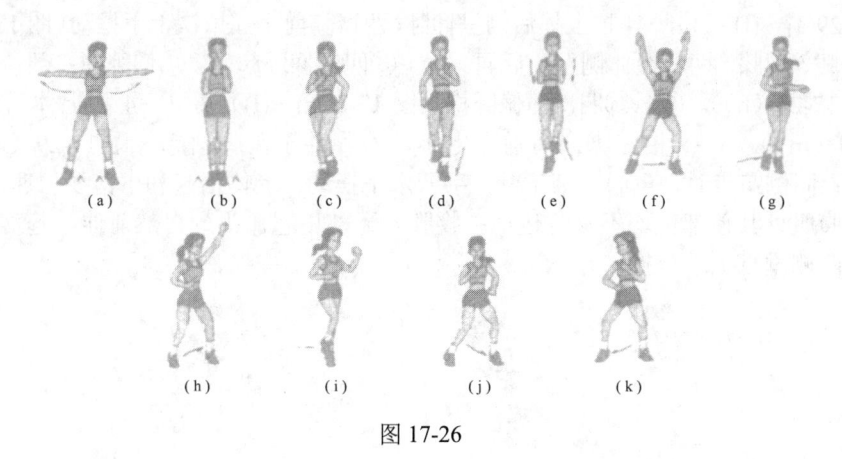

图 17-26

3. 8×8 拍

①1～4拍走四步，两臂经体侧向上做体前大绕环一周半，头上击掌经侧举还原（图 17-27(a)～(d)）。5～8拍左脚开始脚跟点地，两臂经胸前小臂上屈、胸前平屈、侧平举，还原至体侧（图 17-27(e)～(h)）。②1～4拍后退四步（图 17-27（i））。5～8拍左脚开始吸腿跳，两臂动作同上。③～⑧同①～②重复三遍。

要求：前后移动应体现步伐的流动性。注意主力腿的弹性。

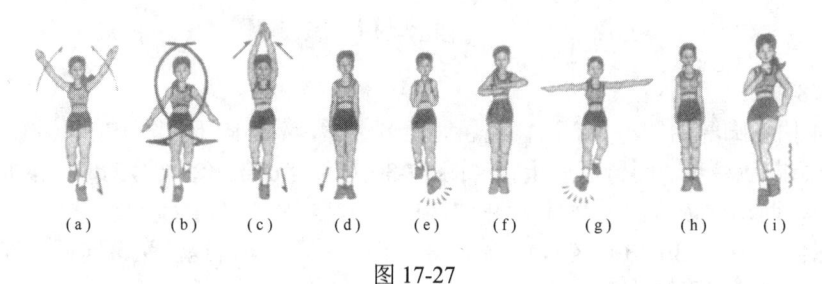

图 17-27

4. 8×8 拍

①1～2拍右转90°左脚上步成分腿半蹲，两臂由右经上举绕至侧举和胸前平屈（图 17-28(a)）。3～4拍左转90°左脚位于右脚后，重心后移，右脚原地垫一步，臂向后摆，不加转体，动作同1～4拍（图 17-28（b））。5～8拍向左侧交叉步，两臂前后摆动（图 17-28（c）、(d)）。②1～4拍、5～8拍右脚原地小跳四次，同时左屈摆至侧下举、右前下举、左侧下举、还原（图 17-28(e)～(h)）。③～④同①～②，方向相反。⑤～⑧同①～④。

要求：分腿半蹲时，中心应在两脚之间。

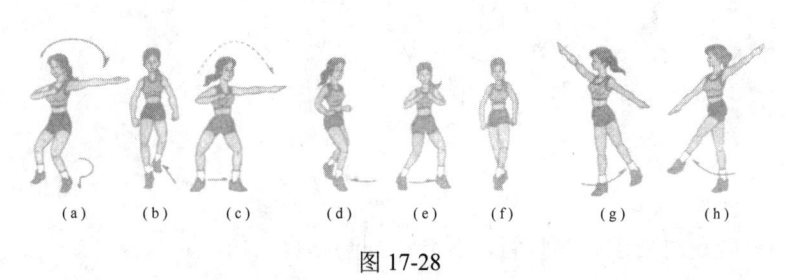

图 17-28

147

5. 2×8拍

①经左腿小跳、右脚侧摆，右左腿依次向左跨三步、右手撑地，左转90°前屈，两手触脚（图17-29(a)~(f)）。②1~4拍上体后倒呈仰卧，两臂胸前平屈依次上下摆动（图17-29(g)）。5~8拍分腿、屈膝，两臂经体侧至头后屈。③~⑥四次仰卧起坐。⑦仰卧向右翻转180°呈跪俯撑（图17-29（h））。⑧~⑪四次跪俯卧撑（图17-29(i)~(l)）。⑫1~4拍上体后移呈跪姿（图17-29（m））。5~8拍左脚向右前方上步，右脚并于左脚站起（图17-29（n））。

要求：同侧跨步时，重心逐渐下降，手臂水平摆动；上体抬起和下落要匀速，4拍上4拍下，除腹肌外其他部位均不参与运动；收腹，臀部稍翘，头颈自然前伸，起落要匀速；手臂在头两侧垂直上下交换。

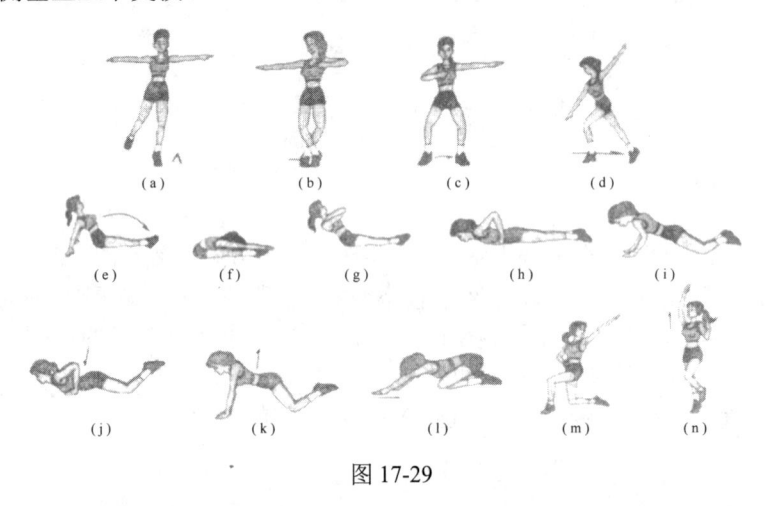

图17-29

6. 4×8拍

①1~4拍左脚开始侧弓步，两臂经屈肘至侧上举，拳心向下（图17-30（a）、(b)）。5~8拍左脚开始向后弓步，两臂屈肘上摆（图17-30（c）、(d)）。②同①。③1~4拍左脚开始向前走四步，两小臂依次向前绕环（图17-30（e））。5~8拍开合跳两次，左、右臂在体侧依次向上屈伸（图17-30（f）、(g)）。④同③，但1~4拍向后退，两臂向后绕环。

要求：弓步时脚跟应有弹性地着地、还原。

7. 4×8拍

①左脚开始向前跑四步，经半蹲小分腿跳，落地缓冲。②1~2拍左脚向右前方上步，右脚在后原地垫一步（图17-31（a））。3~4拍左脚向侧并步跳（图17-31（b））。5~8拍右脚向后弧形跑（图17-30（c））。③~④同①~②，方向相反。

图17-30　　　　图17-31

要求：小分腿跳时要求收腹拔背，四肢在同一垂直面内。

8. 8×8拍

①1～4拍左脚开始踏步。5～8拍左脚开始侧点地，两臂经前交叉摆至侧下举、侧上举（图17-32（a）～（d））。②左脚开始向侧弹踢两次（图17-32（e）～（h））。③左脚开始向左前方、右前方做上步并步，两臂随之前摆击掌（图17-32（i）、（j））。④左脚开始向左后方、右后方做侧滑步，两臂自然向侧、向内摆动（图17-32（k）、（l））。⑤～⑧与①～④相反。

图17-32

要求：点地时注意膝关节的弹动；最后一拍动作为下一拍的准备动作；上步并步动作应经弓步向前并步。

9. 12×8拍

①1～2拍左转90°右脚上步，左脚提膝（图17-33（a）～（c））。3～8拍重心后倒呈直角坐，再左转90°呈侧卧（图17-33（d）、（e））。②1～4拍右腿侧摆一次（图17-33（f））。5～8拍左腿后揣一次，右臂前举（图17-33（g））。③同②。④右腿屈膝、侧摆、屈膝、还原。⑤同④，但最后两拍右转180°呈右侧卧。⑥～⑨同②～⑤换左腿做。⑩左转180°右脚上步站起（图17-33（h）、（i））。⑪1～2拍左脚侧步，右腿后屈，同时转体180°（图17-33（j）、（k））。3～4拍右腿侧步，左腿后屈。5～8拍同1～4拍。⑫1～4拍左脚开始做侧步后屈半蹲，双手在左侧击掌三次（图17-33（l））。5～6拍、7～8拍两腿伸直，上体稍右转，左臂前举，右臂头后屈（图17-33（m）、（n））。

图17-33

要求：重心后倒时左脚先着地，再双手撑地；侧摆腿不超过45°；后摆腿时禁止脊柱和头后屈；在做侧步屈膝时大腿屈伸要有力，富有弹性。

参 考 文 献

[1] 杨贵仁．学校体育工作全书．北京：兵器工业出版社，2001．
[2] 王则珊．终身体育．北京：北京体育大学出版社，1995．
[3] 曲宗湖．新中国学校体育50年回顾与展望．北京：北京体育大学出版社，2009．
[4] 李艳翎．奥林匹克运动全书．北京：国际文化出版公司，2001．
[5] 陈智勇．现代大学体育教程．北京：北京体育大学出版社，2003．
[6] 邓树勋．体育与健康．广州：中山大学出版社，2002．
[7] 刘定一．大学体育．北京：兵器工业出版社，1997．
[8] 李建英．大学体育与教程．北京：人民体育出版社，2002．
[9] 郑贺．体育教学与素质教育．北京：人民体育出版社，2001．
[10] 闵捷．大学体育与健康基础教程．北京：北京体育大学出版社，2002．
[11] 冰雪运动教材小组．冰雪运动．北京：人民体育出版社，2001．
[12] 王则珊．学校体育理论与研究．北京：北京体育大学出版社，1995．
[13] 卢元镇．体育社会学．北京：高等教育出版社，2000．
[14] 季浏．体育与健康．上海：华东师范大学出版社，2001．
[15] 李金龙．体育社会学群众体育学．桂林：广西师范大学出版社，2000．
[16] 运动竞赛学编写组．运动竞赛学．北京：北京体育大学出版社，1994．
[17] 赵洪明，张力彤，吕然．大学体育实践教程．北京：国防工业出版社，2014．